Workbook

Francisca González Flores
Stanford University

Introducción a la lingüística española

Third Edition

Revised by

Milton M. Azevedo
University of California, Berkeley

Prentice Hall

Upper Saddle River London Singapore Toronto
Tokyo Sydney Hong Kong Mexico City

Acquisitions Editor: Donna Binkowski
Sponsoring Editor: María F. García
Editorial Assistant: Gayle Unhjem
Executive Marketing Manager: Kris Ellis-Levy
Senior Marketing Manager: Denise Miller
Marketing Coordinator: William J. Bliss
Senior Managing Editor: Mary Rottino
Associate Managing Editor: Janice Stangel

Project Manager: Manuel Echevarria
Senior Media Editor: Samantha Alducin
Senior Operations Specialist: Brian Mackey
Operations Specialist: Cathleen Petersen
Publisher: Phil Miller
Composition/Full-Service Project Management: Jill Traut,
 Macmillan Publishing Solutions
Printer/Binder: Bind-Rite Graphics

This book was set in 10/12.5 Garamond.

Printed in the United States of America
10 9 8 7 6

Prentice Hall
is an imprint of

www.pearsonhighered.com

ISBN 13: 978-0-205-64706-4
ISBN 10:   0-205-64706-5

Table of Contents

Preface

El presente *Workbook* es un cuaderno de ejercicios destinado a proporcionar un repaso práctico para secciones específicas del texto, *Introducción a la lingüística española, Tercera edición*, a fin de complementar tanto las actividades repartidas a lo largo de los capítulos, como las prácticas ubicadas al final de cada uno de ellos.

Cada capítulo de *Introducción a la lingüística española* incluye referencias a ejercicios específicos del *Workbook*. Aquellos ejercicios que no se mencionan en el texto permitirán, además, profundizar en el estudio de algunos temas fundamentales mediante el trabajo individual. Por lo tanto, el *Workbook* es un complemento didáctico sumamente flexible, ya que se puede usar tanto en el aula como fuera de ésta. La decisión de publicar por separado la clave de respuestas a los ejercicios se debe a que no todos los profesores utilizan el cuaderno de ejercicios de la misma manera. A algunos —particularmente a los que tienen clases pequeñas— les gusta corregir personalmente el cuaderno y así controlar el progreso de sus alumnos. Otros, —los que tienen clases numerosas— prefieren destinar el *Workbook* a la práctica individualizada. En este último caso, la clave de respuestas (*Answer Key to accompany the Workbook*) (0-205-64707-3/978-0-205-64707-1), le permitirá a cada estudiante trabajar por su cuenta, realizando los ejercicios y verificando sus respuestas a medida que avance en la lectura del libro de texto.

En general, los ejercicios están pensados con una doble finalidad: por un lado, la de permitir que se profundice, mediante la práctica, en los conceptos presentados en el curso, y, por el otro, la de verificar el aprendizaje mediante secciones como *¿Verdadero o falso?* y *Prueba de autoevaluación*, que aparecen en todos los capítulos y cuyas respuestas se podrán encontrar al final de este ejemplar.

La lengua española en el mundo

1.1. Países hispanohablantes de Suramérica

Usando el mapa de Suramérica, escriba en el primer espacio en blanco el número correspondiente a cada país hispanohablante, y en el segundo, el nombre de su capital.

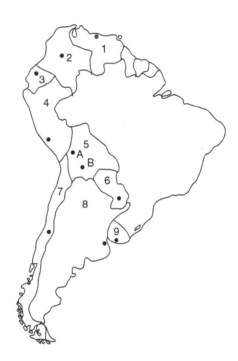

Países	Números	Capitales
Argentina	_____	_____
Bolivia	_____	_____
Chile	_____	_____
Colombia	_____	_____
Ecuador	_____	_____
Paraguay	_____	_____
Perú	_____	_____
Uruguay	_____	_____
Venezuela	_____	_____

1.2. México, Centroamérica y el Caribe

Usando el mapa siguiente, escriba en el primer espacio en blanco el número correspondiente a cada país, y en el segundo, el nombre de su capital.

Países	Números	Capitales
Costa Rica	_____	_____
Cuba	_____	_____
El Salvador	_____	_____
Guatemala	_____	_____
Honduras	_____	_____
México	_____	_____
Nicaragua	_____	_____
Panamá	_____	_____
Puerto Rico	_____	_____
República Dominicana	_____	_____

1.3. Las Comunidades Autónomas de España

Usando el mapa de España, escriba en el primer espacio en blanco el número correspondiente a cada una de las comunidades autónomas, y en el segundo, el nombre de su capital.

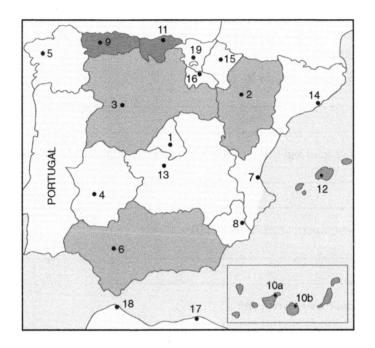

Comunidad Autónoma	Números	Capitales
Andalucía	———	————————
Aragón	———	————————
Asturias	———	————————
Islas Baleares	———	————————
Canarias	———	————————
Cantabria	———	————————
Castilla-La Mancha	———	————————
Castilla-León	———	————————
Cataluña	———	————————
Extremadura	———	————————
Galicia	———	————————
La Rioja	———	————————
Madrid	———	————————
Murcia	———	————————
Navarra	———	————————
País Vasco	———	————————
Comunidad Valenciana	———	————————

1.4. Períodos históricos y pueblos

Adscriba cada uno de los pueblos que aparecen a continuación al período histórico en que habitaron la Península Ibérica.

Ejemplo: 2. Período imperial: romanos

Pueblos: Godos, iberos, árabes, celtas, tartesios, ostrogodos, fenicios, romanos, suevos, vascos, vándalos, griegos, visigodos, bereberes, cartaginenses, alanos.

Períodos históricos:

1. Período prerromano (hasta el siglo III a.C.)

_____

_____

2. Período imperial (desde el siglo III a.C. hasta la caída del Imperio Romano en el siglo V)

_____

_____

3. Período de dominación germana (siglos V–VIII)

_____

_____

4. Período de presencia musulmana (siglos VIII–XV)

_____

_____

1.5. La Hispania romana

Usando el mapa de la Península Ibérica, escriba en el primer espacio en blanco el nombre de la provincia romana correspondiente a cada número, y en el segundo, el nombre de su capital.

Provincia romana   **Capitales**

1. _____   _____

2. _____   _____

3. _____   _____

4. _____   _____

1.6. El desarrollo del español: ciudades clave en la Edad Media peninsular

Localice en el mapa siguiente los lugares que aparecen a continuación y conteste brevemente a las preguntas que se plantean sobre los mismos.

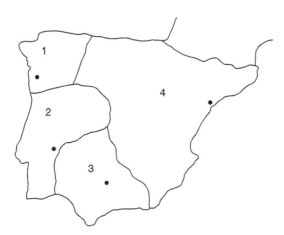

1. Localice los monasterios de San Millán de la Cogolla y Santo Domingo de Silos.

2. ¿Por qué son importantes estos monasterios?

_____

_____

3. Localice las ciudades principales del Camino de Santiago:
   Roncesvalles, Pamplona, Estella, Nájera, Burgos, Frómista, Sahagún, León, Rabanal del Camino, Villafranca, Triacastela, Palas del Rey, Santiago de Compostela.

4. ¿Qué es el Camino de Santiago?

_____

_____

1.7. Fechas y obras fundamentales

Enlace cada una de las fechas de la columna de la izquierda (con números) con la publicación de la obra que le corresponda de la columna de la derecha (con letras).

_____ 1. 1499   a. *Diccionario de autoridades*

_____ 2. 1605–1615   b. Primeras *Reglas de ortografía en la lengua castellana*

_____ 3. 1847   c. *Tesoro de la lengua castellana o española*

_____ 4. 1490   d. Primera *Gramática de la lengua castellana*

_____ 5. 1535   e. *Diccionario prehispánico de dudas*

_____ 6. 1517   f. *Gramática del castellano destinada al uso de americanos*

_____ 7. 2005   g. *Universal vocabulario en latín y romance*

_____ 8. 1492   h. *La Celestina*

_____ 9. 1611   i. *Diálogo de la lengua*

_____ 10. 1726–1739   j. *El ingenioso hidalgo don Quijote de la Mancha*

1.8. La historia del español en fechas

Adscriba los siguientes personajes, términos, obras e instituciones (fundamentales en el desarrollo del español) al período histórico que le corresponda.

EJEMPLO: 3. Renacimiento (siglos XV y XVI): Reyes Isabel y Fernando
Personajes y términos para ordenar:
Fernando de Rojas, Alfonso X, el Sabio, Miguel de Cervantes, Al-Andalus, Reyes
Isabel y Fernando, Elio Antonio de Nebrija, Napoleón, Real Academia de la Lengua
Española, Fin de la Reconquista, Guerra de Independencia, Siglo de Oro, Glosas
Emilianenses, Sebastián de Covarrubias, Siglo de las Luces, Andrés Bello.

1. Edad media (siglos V–XIV)

2. Renacimiento (siglos XV–XVI)

3. Barroco (siglo XVII)

4. Neoclasicismo (siglo XVIII)

5. Romanticismo (siglo XIX)

1.9. ¿Verdadero o falso?

Señale con un círculo la respuesta correcta (verdadero: V / falso: F).

EJEMPLO: Buenos Aires es la capital de Brasil.   V   (F)

1. Los términos "castellano" y "español" son sinónimos cuando se refieren a la lengua española en su conjunto.   V   F

2. El rey Alfonso X tuvo un papel fundamental en el desarrollo de la prosa en castellano.   V   F

3. El español es la única lengua romance en España.   V   F

4. Nebrija escribió la primera gramática del español.   V   F

5. Los Reyes Católicos terminaron la Reconquista en 1492.   V   F

6. Todas las lenguas habladas en la Península Ibérica antes de la llegada de los romanos fueron reemplazadas por el latín.   V   F

7. Los primeros testimonios escritos del castellano son de fines del siglo XI o principios del XII.   V   F

8. La palabra "Hispania" significa "tierra de conejos".   V   F

9. El español nació del latín literario y culto.   V   F

10. El español no es la lengua oficial del Brasil.   V   F

11. Los árabes llegaron a la Península Ibérica en el siglo VIII.   V   F

12. El romance peninsular se empezó a escribir inmediatamente después de que empezara a hablarse.   V   F

13. La mayoría de los hispanohablantes en Estados Unidos provienen de Puerto Rico.   V   F

14. El Instituto Cervantes es un organismo encargado de estudiar las obras del gran escritor Miguel de Cervantes.   V   F

15. El español ocupa el tercer lugar entre los idiomas con más hablantes.   V   F

16. El español es el idioma oficial en dos ciudades del Norte de África.   V   F

17. Los Siglos de Oro de las letras españolas son los siglos XV y XVI.   V   F

18. Se da el nombre de mozárabe al romance que se habló el en territorio peninsular bajo el dominio árabe.   V   F

19. El país con el mayor número de hispanohablantes es México.   V   F

20. El catalán sólo es lengua cooficial en Cataluña.   V   F

21. Los pueblos germanos llegaron en el siglo V a la Península Ibérica.   V   F

22. Las Islas Filipinas fueron una colonia española hasta fines del siglo XIX.   V   F

23. Al-Andalus es el nombre de los territorios árabes en la Península Ibérica.   V   F

24. El euskera es una lengua prerromana.   V   F

25. La Real Academia Española coopera con otras Academias la Lengua.   V   F

1.10. Prueba de autoevaluación

Para realizar esta actividad de revisión y autoevaluación de forma adecuada:

- no utilice ningún tipo de material (apuntes, libro, etc.).
- no emplee más de quince minutos en la realización de los ejercicios.
- siga la escala de notas a continuación.

Escala de notas:

(A) 50–45 puntos   (B) 44–40 puntos   (C) 39–35 puntos   (D) 34–30 puntos   (E) 29–0 puntos

1. ¿Qué importancia tiene Antonio de Nebrija en la historia de la lengua española? (5 puntos)

_____

_____

2. ¿De qué palabra derivan los términos *hispano* e *hispánico*, y a qué se refiere? (5 puntos)

_____

_____

3. ¿Cuál es el nombre de la ciudad en cuyos alredededores nació el español? ¿En qué comunidad autónoma se encuentra hoy dicha ciudad? (5 puntos)

_____

_____

4. ¿De qué palabra deriva el término *latino,* y a qué se refiere? (5 puntos)

_____

_____

5. ¿Qué otros idiomas de España tienen estatus cooficial con el español en sus regiones? (5 puntos)

_____

_____

6. ¿Qué significa el adjetivo "romance"? (5 puntos)

_____

_____

7. ¿Cuál es el nombre de los documentos más antiguos con palabras en hispanorromance? (5 puntos)

_____

_____

8. ¿A qué de debe el nombre *moros,* dado a los invasores de la Península Ibérica en 711 a.C.? (5 puntos)

_____

_____

9. ¿Qué significa el término *koiné,* y por qué se dice que el castellano fue al principio una koiné? (5 puntos)

_____

_____

10. ¿A qué se debe el hecho de que el español ha cambiado desde el siglo XVI? (5 puntos)

_____

_____

Lenguaje, lengua y lingüística

2.1. Elementos de la comunicación y funciones del lenguaje

2.1.a. A continuación aparece un esquema sobre los elementos que conforman el proceso comunicativo. Empareje cada elemento con su definición.

Ejemplo: <u>Elemento:</u> Mensaje

<u>Definición:</u> Señal que se comunica

Elementos	**Definiciones**
_____ 1. Referente	a. Receptor de la información
_____ 2. Hablante	b. Medio a través del cual se realiza la comunicación
_____ 3. Oyente	c. Realidad sobre la que se facilita una información
_____ 4. Canal	d. Idioma
_____ 5. Código	e. Transmisor de la información

2.1.b. Ahora, empareje cada función con su definición.

Ejemplo: <u>Función:</u> Informativa

<u>Definición:</u> Datos sobre una realidad objetiva

Funciones	**Definiciones**
_____ 1. Función lúdica	a. Establecimiento de relaciones sociales entre los hablantes
_____ 2. Función expresiva	b. Cambio de conducta del oyente
_____ 3. Función directiva	c. Creación de una nueva realidad
_____ 4. Función fática	d. Manifestación de sentimientos o emociones
_____ 5. Función factitiva	e. Fines humorísticos o de recreo

2.2. Funciones del lenguaje

Asocie cada una de las oraciones con la función principal que le corresponda.

Ejemplo: <u>Oración:</u> Me encanta tu anillo, es precioso.

<u>Función:</u> Expresiva

Funciones	**Oraciones**
_____ 1. Función informativa	a. ¡Feliz cumpleaños!
_____ 2. Función expresiva	b. Un dialecto es una variante de un idioma.
_____ 3. Función directiva	c. Hola, buenas tardes.

_____ 4. Función fática

_____ 5. Función factitiva

_____ 6. Función lúdica

d. Lo condeno a tres años de cárcel.

e. Por favor, ayúdame a llevar estos libros a la biblioteca.

f. Los declaro marido y mujer.

g. ¿Cómo te va?

h. ¡Haz las tareas!

i. La lingüística estudia objetivamente el lenguaje.

j. ¡Nunca he sufrido tanto!

k. ¡Colorín, colorado, y este cuento se ha acabado!

2.3. Publicidad y lingüística

Siguiendo el ejemplo, identifique las funciones del lenguaje representadas en el anuncio publicitario reproducido abajo.

EJEMPLO: Anuncio: "Compre Blanquete y obtenga una sonrisa de película en sólo seis semanas ¡Es el mejor! A la venta en droguerías y farmacias."
Función directiva: Imperativos ("compre", "obtenga")
Función expresiva: Juicio de valor del hablante ("es el mejor")
Función informativa: Lugar de venta ("droguerías y farmacias")

Anuncio:

"Tu media naranja"

¿Te sientes solo, abandonado, aislado? ¿Estás harto de que todos tus amigos te concierten citas a ciegas? ¿Estás cansado de no estar casado? ¡Llama a tu media naranja ya! ¡No pierdas más tiempo! Nuestros colaboradores te ayudarán a encontrar a tu pareja ideal: ¡es tan fácil!

Cinco años de experiencia y cientos de matrimonios felices nos avalan.

Visítanos en la red: nuestra página es www.1/2naranja.esp; o llámanos al 1-000-666-666. Estamos a tu disposición todos los días de 8 de la mañana a 12 de la noche.

_____

_____

_____

_____

_____

_____

2.4. Los componentes del lenguaje

Diga qué rama de la lingüística se corresponde con cada uno de los componentes del lenguaje y explique qué estudia cada una de estas ramas, proporcionando además un ejemplo, como en el modelo.

EJEMPLO: Componente fonológico   <u>Rama:</u> Fonética
(sonidos del habla)   Estudia la articulación de los fonos, que, en español, se producen siempre con aire espirado, como por ejemplo, las consonantes y los vocales.

1. Componente fonológico

_____

_____

_____

2. Componente morfológico

_____

_____

_____

3. Componente sintáctico

_____

_____

_____

4. Componente semántico

_____

_____

_____

5. Componente pragmático

_____

_____

_____

2.5. Gramáticas

Indique qué clase de gramática se aplica a cada definición.

Ejemplo: Manual de aprendizaje de una lengua extranjera
(2) Libro que recoge las reglas prescriptivas de un idioma

Gramáticas	**Definiciones**
_____ 1. Gramática de referencia	a. Estudio de los componentes del lenguaje realizado por los lingüistas
_____ 2. Libro que recoge las reglas prescriptivas de un idioma	b. Objeto de estudio de los alumnos de lingüística
_____ 3. Conjunto de reglas descriptivas de un idioma	c. Manual empleado en clases de una segunda lengua
_____ 4. Competencia lingüística	d. Sistema de reglas abstractas que organizamos intuitivamente al adquirir nuestra lengua materna
_____ 5. Descripción del uso de una lengua por sus hablantes nativos	e. Obra de consulta empleada para resolver dudas sobre las reglas de una lengua

2.6. Las funciones del lenguaje en un contexto

Lea el texto siguiente y señale qué funciones del lenguaje encuentra en cada una de las oraciones marcadas con un número entre paréntesis.

Ejemplo: Oración: (1) El libro trataba de geología
Función: informativa

(1) El juicio comenzó a las diez y media. Cuando la señora jueza le preguntó a Mariola la razón que la traía a la corte, ella respondió acaloradamente: "Pues ya ve, (2) este estúpido que tengo de esposo, que no me da dinero. (3) ¡Y yo estoy ya tan cansada de tanto trabajar, en el hogar, en la oficina, con los niños…!". La jueza intentó tranquilizar a Mariola: (4) "A ver, señora, siéntese y no insulte". A continuación, el marido de Mariola recibió la palabra: (5) "Señora jueza, ¿qué tal está? (6) ¡Yo no puedo creer lo que estoy oyendo!" (7) "Bueno, explíqueme por qué", intervino la jueza. (8) Después de una hora escuchando declaraciones, la letrada anunció su veredicto." (9) Siento mucho lo que le está pasando. Sin embargo, (10) le concedo el divorcio a su esposa."

1. _____
2. _____
3. _____
4. _____
5. _____
6. _____
7. _____
8. _____
9. _____
10. _____

2.7. Características del lenguaje

Señale la característica del lenguaje que destaca en cada diálogo.

Características del lenguaje:

a. Medio de comunicación y forma de socialización
b. Oral
c. Creativo
d. Arbitrario
e. Sistemático

EJEMPLO: Contexto: Dos amigos en un bar

—Oye, mira qué chica tan guapa.

—Yo la conozco, es una amiga de mi hermana. Si quieres te la presento...

—Sí, sí, por favor, me encantaría conocerla.

Característica: Medio de comunicación y forma de socialización

SITUACIÓN 1

Contexto: Pepa y Manolo se encuentran en una parada de autobús

—Hola Pepa, ¿qué haces?

—Ya ves, aquí, revisteando un poco, mientras espero el bus.

—¿Qué?

—Hojeando unas revistas, hombre, que no te enteras de nada...

Característica: ⎯⎯⎯⎯⎯⎯⎯⎯⎯⎯⎯⎯

SITUACIÓN 2

Contexto: En una oficina

—Hola, ¿qué tal? Eres nueva aquí, ¿no?

—Sí, hoy es mi primer día en la oficina. Antes trabajaba en Nueva York, pero decidí mudarme a California.

—¡Bienvenida, entonces! Mi nombre es Ángel.

—Yo soy Cristina. Encantada de conocerte.

—Lo mismo digo. Nos vemos.

Característica: ⎯⎯⎯⎯⎯⎯⎯⎯⎯⎯⎯⎯

Situación 3

Contexto: En la clase de español

—La oración "Yolanda dijo me adiós" es incorrecta. ¿Por qué?

—Porque el pronombre debe ir delante del verbo, profesora.

—¿Es siempre así?

—No, profesora, sólo cuando el verbo no es ni un infinitivo, ni un gerundio, ni un imperativo.

Característica: ⎯⎯⎯⎯⎯⎯⎯⎯⎯⎯⎯⎯

SITUACIÓN 4

Contexto: Un abuelo y su nieto de tres años conversan

—Abu, ¿por qué el sol se llama sol y no luna?

—Porque sí, niño, qué preguntas tienes...

Característica: _____

SITUACIÓN 5

Contexto: Amigos en una cafetería

—Bueno, Alfonso, ¿y qué tal te fue en tu retiro espiritual?

—Pues, bien, mucha naturaleza y mucha meditación, pero como teníamos que guardar silencio para concentrarnos mejor, al final yo ya estaba harto... Cada vez que necesitaba algo (sal en la mesa, una toalla limpia...), me pasaba una hora intentando explicárselo al asistente de turno. Un peñazo, de verdad...

Característica: _____

2.8. Cada oveja con su pareja

Enlace cada uno de los elementos de la columna de la izquierda (con números) con su correspondiente definición de la columna de la derecha (con letras).

_____ 1. Fonética   a. Estudio de la evolución temporal

_____ 2. Actuación   b. Estudio del significado de las palabras

_____ 3. Lexicografía   c. Lo que se relaciona con el signo

_____ 4. Referente   d. No motivado

_____ 5. Diacronía   e. Estudio de la producción de los fonos

_____ 6. Filología   f. Capacidad de construir estructuras gramaticales

_____ 7. Arbitrario   g. Estudio de la lengua y literatura

_____ 8. Fonología   h. Estudio de la composición de diccionarios

_____ 9. Competencia   i. Estudio de los fonos en el sistema

_____ 10. Semántica   j. Acto de habla

2.9. ¿Verdadero o falso?

Señale con un círculo la respuesta correcta (verdadero: V / falso: F).

EJEMPLO: Managua es la capital de Honduras.		V	(F)
1. "Lenguaje", "lengua" y "lingüística" son términos sinónimos.		V	F
2. Un idiolecto es una variante geográfica de una lengua.		V	F
3. Un hablante nativo posee competencia lingüística.		V	F
4. Todas las lenguas actuales tienen representación escrita.		V	F
5. Una comunidad de habla comparte un dialecto.		V	F
6. El estilo del habla se adapta al contexto comunicativo.		V	F
7. El lenguaje humano no se caracteriza por su creatividad.		V	F
8. Una gramática descriptiva no hace juicios valorativos sobre el uso del idioma.		V	F
9. Los signos lingüísticos son arbitrarios.		V	F
10. Siempre existe una relación lógica entre la palabra y su referente.		V	F
11. La función directiva del lenguaje puede influir el comportamiento del oyente.		V	F
12. Los universales lingüísticos son compartidos por todas las lenguas.		V	F
13. El lenguaje es esencialmente oral.		V	F
14. Las reglas descriptivas son específicas de cada idioma.		V	F
15. Todos los idiomas poseen fonos vocálicos y consonánticos.		V	F
16. La lingüística diacrónica estudia la variación geográfica de la lengua.		V	F
17. Competencia lingüística es lo mismo que competencia comunicativa.		V	F
18. Un insulto es un ejemplo de la función informativa.		V	F
19. Las onomatopeyas reproducen exactamente las voces de los animales.		V	F
20. La cultura de cualquier sociedad humana depende del lenguaje.		V	F
21. El acto de habla puede crear una realidad.		V	F
22. Un dialecto es una variación regional de una lengua.		V	F
23. Un arcaísmo es una palabra o expresión en desuso.		V	F
24. La norma culta es una de las variedades de un idioma.		V	F
25. La escritura es una representación exacta de los fonos.		V	F

2.10. Prueba de autoevaluación

Para realizar esta actividad de revisión y autoevaluación de forma adecuada:

- relea el capítulo y sus apuntes, pero no los utilice al hacer la prueba.

- limite a quince minutos la realización de los ejercicios.

- siga la escala de notas a continuación.

Escala de notas:

    (A) 50–45 puntos   (B) 44–40 puntos   (C) 39–35 puntos   (D) 34–30 puntos   (E) 29–0 puntos

1. Nombre por lo menos tres características del lenguaje que no aparezcan en los sistemas de comunicación del resto de los animales. (5 puntos)

_____

_____

_____

2. ¿Qué función del lenguaje le permite al hablante influir en el comportamiento del oyente? (5 puntos)

_____

_____

_____

3. ¿Pueden considerarse las lenguas romances dialectos del latín? ¿Por qué? (10 puntos)

_____

_____

_____

4. ¿Qué diferencia hay entre competencia lingüística y competencia comunicativa? (10 puntos)

_____

_____

_____

5. Mencione cinco universales lingüísticos. (20 puntos)

_____

_____

_____

Fonética: Los sonidos del habla

3

3.1. Acento tónico

Localice la sílaba tónica y separe en sílabas las palabras siguientes.

EJEMPLO: pal**me**ra   Sílaba tónica   división silábica
"me"   pal - me - ra

1. cielo   _____   _____

2. comería   _____   _____

3. vianda   _____   _____

4. advenedizo   _____   _____

5. prométemelo   _____   _____

6. avión   _____   _____

7. cubrir   _____   _____

8. mantecado   _____   _____

9. cántaro   _____   _____

10. intimidad   _____   _____

3.2. Consonantes fricativas y africadas

Identifique las consonantes fricativas y africadas en las palabras siguientes, reescriba la sílaba en la que aparecen, descríbalas (proporcionando su punto de articulación y diciendo si son sonoras o sordas) y transcríbalas como en el ejemplo. Use una variedad estándar del español sin distinción.

EJEMPLO: gafas   "fas"   Labiodental sorda   [f]

1. algo   _____   _____   _____

2. acción   _____   _____   _____

3. siete   _____   _____   _____

4. ágil   _____   _____   _____

5. vivo   _____   _____   _____

6. mucho   _____   _____   _____

7. Murcia   _____   _____   _____

8. fuerte   _____   _____   _____

9. chamarra   _____   _____   _____

10. Málaga   _____   _____   _____

3.3. Modo de articulación

Identifique el modo de articulación de las consonantes en **negrilla** en las palabras siguientes, reescriba la sílaba en la que aparecen, descríbalo, diciendo si son sonoras o sordas, y transcríbalas como en el ejemplo. Use una variedad estándar del español con distinción.

EJEMPLO: todo   "to"   oclusiva sorda   [t]

1. **d**ía   _____   _____   _____

2. **g**ato   _____   _____   _____

3. ca**d**a   _____   _____   _____

4. a**b**uela   _____   _____   _____

5. hue**l**ga   _____   _____   _____

6. mé**x**ico   _____   _____   _____

7. queji**d**o   _____   _____   _____

8. ar**g**elino   _____   _____   _____

9. muerte   _____   _____   _____

10. ca**r**a   _____   _____   _____

3.4. Consonantes velares

Identifique los fonos consonánticos velares en las palabras siguientes, reescriba las sílabas en las que estos fonos aparecen y transcríbalos como en el ejemplo.

EJEMPLO: gato   "ga"   [g]

1. zueco   _____   _____

2. guinda   _____   _____

3. quijote   _____   _____

4. agua   _____   _____

5. huelga   _____   _____

6. mexicano   _____   _____

7. quejido   _____   _____

8. argelino   _____   _____

9. juerga   _____   _____

10. cuna   _____   _____

3.5. Signos fonéticos

Escriba el signo fonético correspondiente a la descripción articulatoria.

EJEMPLO: Oclusiva velar sonora   Signo [g]

  1. Africada alveopalatal sorda   _____

  2. Lateral alveolar sonora   _____

  3. Fricativa palatal sonora   _____

  4. Fricativa alveolar, sorda   _____

  5. Fricativa velar, sorda   _____

  6. Nasal palatal sonora   _____

  7. Oclusiva bilabial sorda   _____

  8. Vibrante simple alveolar sonora   _____

  9. Africada palatal sonora   _____

10. Oclusiva velar sorda   _____

3.6. Palabras y sonidos

Transcriba el fono (consonante, vocal o deslizada) descrito y escriba una palabra que comience con este fono.

EJEMPLO: Oclusivo dental sordo   [t]   tarea

  1. Nasal bilabial sonoro   _____   _____

  2. Oclusivo bilabial sordo   _____   _____

  3. Vibrante múltiple alveolar sonoro   _____   _____

  4. Medio anterior no redondeado   _____   _____

  5. Oclusivo dental sonoro   _____   _____

  6. Fricativo alveolar sordo   _____   _____

  7. Nasal palatal sonoro   _____   _____

  8. Alto posterior redóndeado   _____   _____

  9. Labiodental fricativo sordo   _____   _____

10. Medio posterior redondeado   _____   _____

3.7. Descripción articulatoria

Escriba los rasgos articulatorios de las siguientes consonantes españolas.

EJEMPLO: [b]   bilabial   oclusiva   sonora

  1. [s] _____

  2. [ɣ] _____

  3. [g] _____

  4. [x] _____

5. [z] _____

6. [ɲ] _____

7. [β] _____

8. [ĵ] _____

9. [r] _____

10. [k] _____

11. [ð] _____

12. [p] _____

13. [t] _____

14. [ʎ] _____

15. [n] _____

16. [b] _____

17. [ɾ] _____

18. [l] _____

19. [m] _____

20. [h] _____

3.8. Transcripción fonética

Transcriba fonéticamente las siguientes palabras señalando la división silábica.

EJEMPLO: cadena [ka-'ðe-na]

1. geriatría _____

2. arqueólogo _____

3. carterista _____

4. hígado _____

5. alcachofa _____

6. carreta _____

7. jefazo _____

8. castaña _____

9. diario _____

10. híbrido _____

11. xilófono _____

12. careta _____

13. habladurías _____

14. pseudónimo _____

15. herradura _____

3.9. ¿Verdadero o falso?

Señale con un círculo la respuesta correcta (verdadero: V / falso: F)

EJEMPLO: Montevideo no es la capital de Uruguay.   V   (F)

1. La fonética auditiva estudia la articulación de los fonos.   V   F
2. La oración enunciativa empieza siempre con un nivel tonal medio.   V   F
3. [u] es una deslizada.   V   F
4. Las consonantes homorgánicas tienen el mismo punto de articulación.   V   F
5. Algunas consonantes no presentan obstáculo a la salida del aire.   V   F
6. Dos vocales juntas en una misma sílaba forman un hiato.   V   F
7. [m], [ɲ] y [n] tienen el mismo modo de articulación.   V   F
8. Las deslizadas no pertenecen al grupo de las sonantes.   V   F
9. Todas las nasales tienen el mismo modo de articulación.   V   F
10. Los hiatos están formados por una vocal y una deslizada.   V   F
11. Los fonos se producen con aire espirado.   V   F
12. Todas las consonantes son fonos no sonantes.   V   F
13. Los diptongos están formados por dos o más vocales.   V   F
14. El ritmo del español no es de tipo silábico.   V   F
15. Todas las vocales son sonoras.   V   F
16. Cualquier fono puede ser núcleo silábico en español.   V   F
17. Una consonante obstruyente es [-sonante].   V   F
18. No todas las palabras llevan acento prosódico.   V   F
19. [l] y [ɾ] tienen el mismo punto de articulación.   V   F
20. Un triptongo está formado por una deslizada entre dos vocales.   V   F
21. El tono es una característica articulatoria de un fono.   V   F
22. Las vocales anteriores españolas son redondeadas.   V   F
23. Un dígrafo son dos letras que representan sólo un fono.   V   F
24. Todos los fonos del español son orales.   V   F
25. Cuando las cuerdas vocales no vibran, se articula un fono sonoro.   V   F

3.10. Prueba de autoevaluación

Para realizar esta actividad de revisión y autoevaluación de forma adecuada:

- relea el capítulo y sus apuntes, pero no los utilice durante la prueba.
- limite a quince minutos la realización de los ejercicios.
- siga la escala de notas a continuación.

Escala de notas:

(A) 50–45 puntos (B) 44–40 puntos (C) 39–35 puntos (D) 34–30 puntos (E) 29–0 puntos

1. Escriba los fonos bilabiales del español. (5 puntos)

_____

_____

2. ¿Bajo qué circunstancias pueden ser las deslizadas núcleo silábico? (5 puntos)

_____

_____

3. Escriba los fonos labiodentales del español. (5 puntos)

_____

_____

4. Describa los siguientes fonos del español. (3 puntos por fono = 15 puntos)

a. [ɾ] _____

b. [e] _____

c. [p] _____

d. [x] _____

e. [j̞] _____

5. Transcriba fonéticamente las siguientes palabras realizando también la división silábica. (4 puntos por palabra = 20 puntos)

a. sequía _____

b. churrero _____

c. jueguecito _____

d. agobiado _____

e. metálico _____

Fonología: Los fonemas del español

4.1. Grafías, alófonos y fonemas

Escriba, para cada una de las grafías que aparecen entre comillas, algunos de los alófonos del español estándar (variedad seseante) que éstas representan en la escritura y el fonema correspondiente a cada alófono.

	Grafías	Alófonos	Fonemas
EJEMPLO:	"d"	[ð d]	/d/

		Alófonos	**Fonemas**
1.	"b"	_____	_____
2.	"c"	_____	_____
3.	"h"	_____	_____
4.	"s"	_____	_____
5.	"ñ"	_____	_____
6.	"x"	_____	_____
7.	"u"	_____	_____
8.	"v"	_____	_____
9.	"l"	_____	_____
10.	"z"	_____	_____
11.	"n"	_____	_____
12.	"r"	_____	_____
13.	"qu"	_____	_____
14.	"g"	_____	_____
15.	"ch"	_____	_____

4.2. Palabras, sonidos y pares mínimos (varias respuestas son posibles)

Transcriba el fono correspondiente a cada descripción articulatoria y escriba una palabra que contenga todos los fonos descritos (en cualquier posición) y ningún otro fono consonántico. A continuación busque un par mínimo de esta palabra.

EJEMPLO: Oclusivo velar sordo/Nasal bilabial sonoro   Palabra: **coma**
        [k]/[m]   Par mínimo de **coma** = copa

1. Vibrante múltiple alveolar sonoro/Vibrante simple alveolar sonoro

_____

_____

2. Fricativo bilabial sonoro/Fricativo dental sonoro/Fricativo velar sonoro

_____

_____

3. Oclusivo bilabial sonoro/Vibrante simple alveolar sonoro

_____

_____

4. Lateral alveolar sonoro/Oclusivo dental sordo/Nasal alveolar sonoro

_____

_____

5. Africado palatal sordo/Oclusivo dental sordo

_____

_____

6. Nasal alveolar sonoro/Nasal bilabial sonoro

_____

_____

7. Oclusivo bilabial sordo/Vibrante múltiple alveolar sonoro/Fricativo alveolar sordo

_____

_____

8. Oclusivo velar sordo/Fricativo velar sordo

_____

_____

9. Vibrante múltiple alveolar sonoro/Fricativo dental sonoro

_____

_____

10. Oclusivo velar sordo/Fricativo interdental sordo/Fricativo dental sonoro

_____

_____

4.3. Reconociendo fonos en un entorno fonológico

Transcriba y describa los fonos representados por las grafías enumeradas en el texto siguiente (el número se refiere siempre al fono que aparece a continuación). Tenga en cuenta una pronunciación seseante. Es importante considerar los fonos próximos (el entorno fonológico), como aparece en el ejemplo.

EJEMPLO: ¿(1) Vamos al cine o no (2) vamos?

    1. [b] Oclusivo bilabial sonoro (entorno fonológico: posición inicial)

    2. [β] Fricativo bilabial sonoro (entorno fonológico: después de vocal)

El (1) verano (2) es mi (3) estación favorita.

1. [   ] _____

2. [   ] _____

3. [   ] _____

En esa época del (4) año, la vida se (5) expande (6) y se llena de luz.

4. [   ] _____

5. [   ] _____

6. [   ] _____

(7) Todos (8) estamos de buen (9) humor, sin (10) angustias.

7. [   ] _____

8. [   ] _____

9. [   ] _____

10. [   ] _____

Paseamos (11) altivos, con los (12) ojos bien (13) abiertos.

11. [   ] _____

12. [   ] _____

13. [   ] _____

(14) Vamos (15) contemplando (16) plácidamente nuestro (17) destino.

14. [   ] _____

15. [   ] _____

16. [   ] _____

17. [   ] _____

Es un destino (18) que, por una vez, aparece (19) brillante y (20) feliz.

18. [   ] _____

19. [   ] _____

20. [   ] _____

4.4. Alófonos y fonemas

Escriba el signo fonético del alófono y el fonema que corresponda a la descripción articulatoria proporcionada.

EJEMPLO: Bilabial fricativo sonoro   Alófono [β]   Fonema /b/

	Alófono	**Fonema**
1. Faríngeo fricativo sordo	_____	_____
2. Alveolar fricativo sonoro	_____	_____
3. Palatal nasal sonoro	_____	_____
4. Labiodental fricativo sordo	_____	_____
5. Velar fricativo sonoro	_____	_____
6. Interdental fricativo sordo	_____	_____
7. Alveopalatal africado sordo	_____	_____
8. Alveolar lateral sonoro	_____	_____
9. Velar nasal sonoro	_____	_____
10. Dental fricativo sonoro	_____	_____

4.5. Procesos fonológicos

En el habla normal, operan varios procesos fonológicos que imparten a las palabras una realización fonética distinta a la pronunciación lenta y cuidada. En las frases a la izquierda, la pronunciación en transcripción fonética señala la modificación de uno o más fonemas. Siguiendo el ejemplo, identifique el proceso involucrado en la transcripción representada en cada caso.

EJEMPLO: Los otros han llegado [lo-'so-tro-san-je-'ga-o]
Enlace de [s] y [o]; enlace de [s] y [a]; pérdida (síncopa) de [d] intervocálica.

1. El prelado dijo: "Siéntense, señores". [el-peɾ-'la-o-ði-xo-'si̯en-ten-sen-se-'ɲo-res]

_____

2. ¿Vamos al teatro? ['ba-mo-sal-te-'a-tro]

_____

3. No bebas tanto alcohol, mi hijito. [no-'βe-βas-'tan-to-al-'kol-mi-'xi-to]

_____

4. ¿Te alegró esa noticia? [ti̯a-le-'ɣro-e-sa-no-'ti-si̯a]

_____

5. Mis viejos están aquí. [miz-'βi̯e-xo-ses-'ta-na-'ki]

_____

4.6. Cada oveja con su pareja

Enlace cada uno de los elementos de la columna de la izquierda (con números) con su correspondiente pareja de la columna de la derecha (con letras).

_____ 1. Homónimos   a. "Coro" y "corro"

_____ 2. Distinción   b. Ausencia de /λ/

_____ 3. Yeísmo   c. "Jugado" → [xu-'ɣa-o]

_____ 4. Diptongación   d. Mantenimiento de la oposición /s/ y /θ/

_____ 5. Asimilación   e. [ʃ]

_____ 6. Par mínimo   f. Mantenimiento de /λ/ y /ʝ/

_____ 7. Seseo   g. Adquisición de rasgos articulatorios de fonos vecinos

_____ 8. Lleísmo   h. "Vaca" y "baca"

_____ 9. Relajamiento de [tʃ]   i. "Peor" → [pi̯or]

_____ 10. Apócope   j. Ausencia de /θ/

4.7. Transcripción fonológica

Transcriba fonológicamente las siguientes palabras.

EJEMPLO: elegante /ele'gante/

1. condecoraciones

_____

2. geometría

_____

3. jilguero

_____

4. champiñón

_____

5. cumpleaños

_____

6. ahijada

_____

7. psiquiatra

_____

8. aplomo

_____

9. aberrantemente

_____

10. subterráneo

_____

11. helados

_____

12. tortazo

_____

13. caldeado

_____

14. anfibio

_____

15. incurable

_____

4.8. Transcripción fonológica y fonética

Transcriba fonológica y fonéticamente las siguientes palabras.

EJEMPLO: lavadora   /laba'dora/   [la-βa-'ðo-ra]

1. invidente   _____   _____

2. esbozado   _____   _____

3. antigüedades   _____   _____

4. vivencia   _____   _____

5. herrumbre   _____   _____

6. intencionadamente   _____   _____

7. vulnerabilidad   _____   _____

8. inyección   _____   _____

9. generalizable   _____   _____

10. bidente   _____   _____

4.9. ¿Verdadero o falso?

Señale con un círculo la respuesta correcta (verdadero: V/falso: F)

EJEMPLO: Bogotá es la capital de Colombia.   (V)   F

	V	F
1. La fonología estudia la producción de los fonos de una lengua.	V	F
2. La asimilación es un proceso fonológico.	V	F
3. Las palabras homónimas tienen el mismo significado.	V	F
4. El número de fonemas consonánticos es mayor que el de alófonos.	V	F
5. /b/ se manifiesta siempre con un alófono oclusivo.	V	F
6. El ritmo del inglés es acentual.	V	F
7. La metátesis es un proceso común en la lengua culta.	V	F
8. El fonema es un concepto abstracto.	V	F
9. Las deslizadas pertenecen al conjunto de los fonemas del español.	V	F
10. La sinalefa es la unión en una sílaba de dos vocales contiguas.	V	F
11. La articulación de [P] es difícil para los angloparlantes.	V	F
12. La unidad estudiada por la fonología se denomina alófono.	V	F
13. Un hablante seseante no distingue entre [s] y [z].	V	F
14. La ortografía del español no refleja la pronunciación seseante ni yeísta.	V	F
15. La epéntesis es la eliminación de un fonema en posición intervocálica.	V	F
16. La variación libre no está condicionada por el entorno fónico.	V	F
17. En español hay tantos fonemas vocálicos como en inglés.	V	F
18. Las palabras "hola" y "ola" constituyen un par mínimo.	V	F
19. [z] es un alófono de /θ/.	V	F
20. [ɲ] puede ser un alófono de /n/.	V	F
21. [p t k] se pronuncian de forma similar en español e inglés.	V	F
22. El acento de intensidad tiene valor contrastivo.	V	F
23. La [r] española es muy parecida a la inglesa.	V	F
24. Algunas hablas yeístas tienen el fonema /λ/.	V	F
25. Un grupo fónico es un conjunto variado de fonos.	V	F

4.10. Prueba de autoevaluación

Para realizar esta actividad de revisión y autoevaluación de forma adecuada,

- relea el capítulo y sus apuntes, pero no los utilice durante la prueba.

- limite a quince minutos la realización de la prueba.

- siga la escala de notas a continuación.

Escala de notas:

    (A) 50–45 puntos   (B) 44–40 puntos   (C) 39–35 puntos   (D) 34–30 puntos   (E) 29–0 puntos

1. ¿Qué fonemas se neutralizan en un hablante yeísta? (5 puntos)

    _____

    _____

2. Cuando el contraste fonológico /ɾ/:/l/ desaparece a favor del fonema /l/ (el hablante pronuncia las vibrantes como laterales), ¿ante qué proceso fonológico estamos? (5 puntos)

    _____

    _____

3. Escriba un ejemplo de un "par mínimo". (5 puntos)

    _____

    _____

4. ¿Qué fonemas se neutralizan en un hablante ceceante? (5 puntos)

    _____

    _____

5. Describa los siguientes fonos del español. (2 puntos por fono = 10 puntos)

    a. [ɣ] _____

    b. [β] _____

    c. [θ] _____

    d. [ð] _____

    e. [ɲ] _____

6. Transcriba fonológicamente las siguientes palabras. (4 puntos por palabra = 20 puntos)

    a. esquela _____   d. rasgado _____

    b. abanico _____   e. viento _____

    c. guitarra _____

Morfología: Forma y función de las palabras

5

5.1. Localizar morfemas

Divida las palabras siguientes en morfemas e indique si son morfemas léxicos o gramaticales.

EJEMPLO: perrito

perr: M. léxico **it:** M. léxico **o:** M. gramatical

1. dudar _____

2. niñera _____

3. gentuza _____

4. aspiración _____

5. decapitar _____

6. veintidós _____

7. viajaba _____

8. atea _____

9. tristemente _____

10. estuve _____

5.2. Palabras flexionadas

Partiendo de los términos que aparecen a continuación (es decir, tomándolos como radical), busque dos palabras relacionadas con ellos por flexión.

EJEMPLO: tonto → tontos/tonta

1. salvar _____

2. perro _____

3. peluquero _____

4. cortar _____

5. vine _____

6. sabido _____

7. él _____

8. computar _____

9. sabia (adj.) _____

10. éste _____

5.3. Alomorfos

Identifique los verbos de la lista y dé los alomorfos del radical de cada uno de ellos.

EJEMPLO: estoy   estaba   estuve   estar

Infinitivo: estar

Alomorfos del radical del infinitivo: est-, estuv-

estoy	salía	durmiendo	pondré	decir
puedo	salgo	fue	pude	salir
dormía	dije	pongo	vas	poder
dormir	vine	hacer	vengo	era
soy	estaba	hizo	quise	tener
hacía	tengo	ser	viene	hago
dirá	querré	haré	estuve	decía
tiene	venir	tendré	puse	podía
hice	tuve	saldré	querer	vendré
seré	quería	venía	tenía	diciendo
poner	digo		quiero	estar

1. _____

2. _____

3. _____

4. _____

5. _____

6. _____

7. _____

8. _____

9. _____

10. _____

5.4. Palabras derivadas

Partiendo de los términos que aparecen a continuación (es decir, tomándolos como radical), busque dos palabras relacionadas con ellos por derivación.

EJEMPLO: papel → papelera/papelería

1. agua _____

2. chocolate _____

3. nadar _____

4. cielo _____

5. hablar _____

6. zapato _____

7. té _____

8. teléfono _____

9. presentar _____

10. casa _____

5.5. ¿Afijos flexionales o derivativos?

Identifique si cada una de las palabras está formada por derivación o por flexión.

EJEMPLO: psicología psicólogas parapsicología parapsicológico
Palabras flexionadas: psicólogas
Palabras derivadas: psicología, parapsicología, parapsicológico

1. flechó flechas flechar flechazo flecharemos

_____

2. dictadura dictaduras dictatorial dictatorialmente dictadores

_____

3. aguada aguamos aguas aguacero

_____

4. linda lindísimo lindeza lindura

_____

5. nevó nevar nevada neviscar

_____

6. casucha casona casero casilla casas

_____

7. fonos alófono fonética eufonía teléfono

_____

8. aceituna aceitar aceitoso aceites

_____

9. deshacer hechos hago contrahecho rehacer

---

10. llover lloviznas llueve lluvioso

5.6. Palabras compuestas

Partiendo de los términos que aparecen a continuación, busque dos palabras relacionadas con ellos por composición.

Ejemplo: sacar → sacacorchos/sacamuelas

1. cara _____
2. lavar _____
3. pelo _____
4. casa _____
5. café _____
6. lápiz _____
7. parar _____
8. dulce _____
9. portar _____
10. papel _____

5.7. Familia de palabras

Usando como radical las palabras siguientes, encuentre un término formado por flexión, derivación y composición a partir de cada una de ellas (utilice el diccionario si lo cree necesario).

	Flexión	Derivación	Composición
Ejemplo: corcho	corchos	acorchado	sacacorchos
1. flor			
2. limpiar			
3. droga			
4. cuento			
5. abrir			
6. diente			
7. mano			
8. cortar			
9. pie			
10. matar			

5.8. Creación de neologismos

5.8.a. Invente un sustantivo, adjetivo o verbo para cada una de las definiciones siguientes.

EJEMPLO: Un pronombre sujeto de tercera persona de plural que no sea ni masculino ni femenino: "Elles"

1. El nombre de un objeto para escribir que combine un lápiz y un bolígrafo.

_____

2. El nombre de un *software* para corregir errores antes de que se hayan cometido.

_____

3. Un adjetivo que signifique frío lo suficiente como para ponerse un jersey de lana.

_____

4. Un verbo que signifique leer rápidamente, saltando cada tercera línea.

_____

5. Un verbo que signifique hace un tiempo ideal como para salir en camiseta.

_____

6. Un adjetivo que combine las nociones de "urbano" y "rural".

_____

5.8.b. Invente palabras formadas con el nombre del producto comercial y escriba un anuncio como el que se da en el modelo.

EJEMPLO: Un producto llamado Garrón para limpiar coches.
Anuncio: Limpiar el auto con Garrón es limpiarlo dos veces. ¡En vez de lavar su auto, garronéelo!

1. Una pintura para paredes, llamada Paredex.

_____

_____

2. Una copiadora llamada Bemox.

_____

_____

_____

3. Un detergente para la ropa llamado Blancax.

_____

_____

_____

4. Un cereal para el desayuno, llamado Maizfloc.

_____

_____

_____

5. Zapatillas para correr de la marca Velocex.

_____

_____

_____

5.9. ¿Verdadero o falso?

Señale con un círculo la respuesta correcta (verdadero: V/falso: F).

Ejemplo: Madrid no es la capital de España.	V	(F)
1. El morfema es la unidad máxima de significado.	V	F
2. Un alomorfo es un concepto abstracto realizado por los morfemas.	V	F
3. Todos los morfemas léxicos son, a su vez, morfemas libres.	V	F
4. Un prefijo puede ser un morfema léxico.	V	F
5. La flexión crea neologismos.	V	F
6. Los sufijos peyorativos no modifican la clase gramatical de la palabra.	V	F
7. Los artículos no son morfemas léxicos.	V	F
8. La variación de género en la palabra siempre marca una diferencia sexual en la realidad.	V	F
9. El leísmo es el uso de "le" para objeto directo de persona.	V	F
10. Sólo existen tres procesos de formación de palabras en español.	V	F
11. Los pronombre son una clase léxica.	V	F
12. No todos los afijos son morfemas ligados.	V	F
13. Los artículos determinados son morfemas ligados.	V	F
14. Una expresión idiomática es un modismo.	V	F
15. La formación sintética es un tipo de composición.	V	F
16. Un morfema libre es siempre una palabra independiente.	V	F
17. La reducción consiste en eliminar sílabas sólo al final de la palabra.	V	F
18. "Pelirrojo"es un compuesto subordinado.	V	F
19. La flexión es el proceso más productivo en la creación de léxico.	V	F
20. Un morfema léxico no tiene significado extralingüístico.	V	F
21. El radical de un verbo puede tener distintos alomorfos.	V	F
22. Los pronombres átonos son morfemas ligados.	V	F
23. Las terminaciones verbales son morfemas gramaticales.	V	F
24. El género de los sustantivos es masculino, femenino y/o neutro.	V	F
25. Los afijos y los prefijos pertenecen al grupo de los sufijos.	V	F

5.10. Prueba de autoevaluación

Para realizar esta actividad de revisión y autoevaluación de forma adecuada,

- relea el capítulo y sus apuntes, pero no los utilice durante la prueba.

- limite a quince minutos la prueba.

- siga la escala de notas a continuación.

Escala de notas:

(A) 50–45 puntos (B) 44–40 puntos (C) 39–35 puntos (D) 34–30 puntos (E) 29–0 puntos

1. ¿Cómo se denominan las palabras como "chatear"? Realice asímismo la división en morfemas de "chatear". (10 puntos)

   _____

   _____

2. ¿Cuáles son los tres procesos principales en la producción de palabras en español? (5 puntos)

   _____

3. Proporcione un ejemplo de un modismo. (5 puntos)

   _____

   _____

4. ¿Qué afijo significa "contrario/a"? Proporcione dos ejemplos usando este afijo (10 puntos)

   _____

   _____

5. Identifique los morfemas de las palabras siguientes como en el modelo: (20 puntos)

   Ejemplo: niñas → niñ- [Radical], a [género femenino], -s [número plural]

   a. bailo: _____

   _____

   b. americano: _____

   _____

   c. comprando: _____

   _____

   d. cerdita: _____

   _____

Sintaxis I: La estructura de las oraciones

6.1. Funciones sintácticas y semánticas

Indique en cada una de las oraciones qué palabras desempeñan estas funciones:

Funciones sintácticas: sujeto, objeto directo, objeto indirecto
Funciones semánticas: actor, paciente, beneficiario

Ejemplo: Gabriela bebe café.

Sujeto: Gabriela   Actor: Gabriela

Objeto directo: café   Paciente: café

1. Acabo de enviarte la información para tu hermano.

    Sujeto: _____ Actor: _____

    Objeto directo: _____ Paciente: _____

    Objeto indirecto: _____ Beneficiario: _____

2. La actriz está siendo operada por los mejores cirujanos del estado.

    Sujeto: _____ Actor: _____

    Objeto directo: _____ Paciente: _____

    Objeto indirecto: _____ Beneficiario: _____

3. El entrenador elegirá a los jugadores el sábado.

    Sujeto: _____ Actor: _____

    Objeto directo: _____ Paciente: _____

    Objeto indirecto: _____ Beneficiario: _____

4. Verónica me trajo una bonita falda de su tienda.

    Sujeto: _____ Actor: _____

    Objeto directo: _____ Paciente: _____

    Objeto indirecto: _____ Beneficiario: _____

5. El pasaporte es exigido por los oficiales de aduanas a todos los viajeros extranjeros.

    Sujeto: _____ Actor: _____

    Objeto directo: _____ Paciente: _____

    Objeto indirecto: _____ Beneficiario: _____

6.2. Oraciones pasivas

Reescriba las oraciones activas como oraciones pasivas, usando el verbo *ser* + participio.

Ejemplo: <u>Activa:</u> Pepe *pintó* la pared.

<u>Pasiva:</u> La pared *fue pintada* por Pepe.

1. La jefa quizás haya despedido ya al nuevo empleado.

   Pasiva: _____

2. Beatriz tiene que terminar el proyecto inmediatamente.

   Pasiva: _____

3. Los albañiles estaban renovando la antigua mansión.

   Pasiva: _____

4. Los científicos deben manipular las bacterias con mucho cuidado.

   Pasiva: _____

5. El cocinero continúa horneando el pavo.

   Pasiva: _____

6.3. Sintagmas adjetivales, preposicionales y adverbiales

Señale los sintagmas adjetivales, preposicionales y adverbiales de las oraciones que siguen, indicando también en cada caso a qué elementos complementan (como en el ejemplo).

Ejemplo: Lolita está contenta.

<u>SAdj:</u> "contenta" (complementa a "está")

1. Tú y yo somos amigos excelentes.

   _____

2. El lobo devoró a la abuela de Caperucita Roja.

   _____

3. Ésta es mi casa nueva.

   _____

4. Los problemas de Paco y Lucía son tonterías.

   _____

5. Todos iremos a la piscina mañana.

   _____

6. Ayer las preguntas del examen fueron fáciles.

   _____

7. La niñera vigila atentamente a los niños pequeños desde la ventana.

   _____

8. Hablar con usted es siempre un enorme placer.

   _____

9. Por tu amor iría al fin del mundo.

   _____

10. Nunca he dudado de la palabra de un buen amigo.

    _____

6.4. Transformaciones

Señale qué transformaciones han tenido lugar en estas oraciones.

EJEMPLO: Pablo compró los libros → Pablo los compró.

Proceso(s) de transformación: Sustitución del objeto directo *los libros* por el clítico *los* y transposición del mismo.

1. Los estudiantes obtuvieron una buena nota → La obtuvieron.

   Proceso(s) de transformación: _____

2. Los clientes dieron las gracias a la dependienta → Se las dieron.

   Proceso(s) de transformación: _____

3. El equipo de San Francisco ganó la medalla de oro → La medalla de oro la ganó el equipo de San Francisco.

   Proceso(s) de transformación: _____

4. Yo no tengo preparada la cena para vosotros → No os la tengo preparada.

   Proceso(s) de transformación: _____

5. La doctora visitó a los niños → Los visitó.

   Proceso(s) de transformación: _____

6. Enrique volvió de la fiesta a las siete de la mañana → A las siete de la mañana volvió de la fiesta.

   Proceso(s) de transformación: _____

7. Susana escribió una carta a su novio → Susana se la escribió.

   Proceso(s) de transformación: _____

8. Lorena dio las entradas a sus amigos → A sus amigos se las dio.

   Proceso(s) de transformación: _____

9. Eulalia preguntó a su madre qué regalo quería para su cumpleaños → La llamó y se lo preguntó.

   Proceso(s) de transformación: _____

10. Fernando quería mucho a la hija de Elena → A la hija de Elena la quería mucho.

    Proceso(s) de transformación: _____

6.5. Tipos de oraciones

Diga de qué tipo son las oraciones que aparecen a continuación (declarativa, negativa, interrogativa, imperativa, exclamativa) y haga las modificaciones necesarias para obtener oraciones de los tipos señalados en cada caso.

EJEMPLO: Los niños están portándose mal.

Tipo: Oración declarativa

Oración interrogativa (sí/no): ¿Están portándose mal los niños?

Oración imperativa: ¡Pórtense bien, niños!

1. Las galletas de coco le encantan a Eloísa.

   Tipo: _____

   a. Oración negativa

   _____

   b. Oración interrogativa (confirmatoria)

   _____

   c. Oración exclamativa

   _____

2. ¡Qué malas notas obtienes siempre!

   Tipo: _____

   a. Oración declarativa

   _____

   b. Oración negativa

   _____

3. Quiero que me ayudes a hacer las tareas.

   Tipo: _____

   a. Oración negativa

   _____

   b. Oración interrogativa (sí/no)

   _____

4. Cállate, que me voy a enfadar.

   Tipo: _____

   a. Oración declarativa

   _____

   b. Oración interrogativa (disyuntiva)

   _____

5. El electricista vendrá cuando tenga tiempo.

   Tipo: _____

   a. Oración negativa

   _____

   b. Oración interrogativa (con pronombre o adverbio interrogativo)

   _____

6.6. Clases de verbos

Señale a qué clase pertenecen los verbos de las oraciones siguientes: transitivos directos, transitivos indirectos, intransitivos, ditransitivos, copulativos, de régimen (o preposicionados).

EJEMPLO: Belén es muy simpática.

Verbo copulativo: "es"

1. Gabriela le escribió una carta a su hija.

2. He visto a la suegra de Marina.

3. Me aterrorizan las películas de fantasmas.

4. Fernando parece enfadado contigo porque anoche tú estuviste muy antipática.

5. Tengo dos hermanas y seis sobrinos.

6. Estoy pensando en ti.

7. Siempre como muchos dulces cuando estoy triste.

8. Les he comprado unos caramelos a tus hijos.

9. Anoche nevó por primera vez en este año.

10. La vecina de enfrente trabaja mucho.

6.7. Diagramas con corchetes

Analice la estructura de estas oraciones utilizando corchetes.

EJEMPLO: Juan trabaja en una floristería.

[O [SN Juan] [SV [V trabaja] [Sprep en una floristería]]]

1. Elisa hablaba tímidamente de su esposo.

2. El bebé tomaba leche con el biberón.

3. Ellos han comprado el regalo para el graduado.

   _____

   _____

4. San Francisco es una ciudad preciosa.

   _____

   _____

5. Laura llegó tarde al concierto.

   _____

   _____

6. El tren viaja alegremente hacia el sur.

   _____

   _____

7. Nadie conoce a Sofía en profundidad.

   _____

   _____

8. Javier y Marcos trabajan bien en equipo.

   _____

   _____

9. Los restaurantes son excelentes aquí en San Francisco.

   _____

   _____

10. Los maestros observan a los alumnos desde la ventana.

    _____

    _____

6.8. Diagramas arbóreos

Dibuje un diagrama arbóreo para analizar cada una de las oraciones que siguen.

Ejemplo: Ana come galletas.

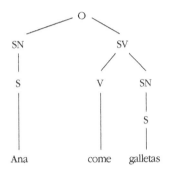

1. Tenemos muchos amigos alemanes.

2. La policía detuvo anoche al ladrón con la ayuda de los vecinos.

3. La sintaxis estudia la organización de palabras en oraciones.

4. He comprado una falda de algodón blanca.

5. El examen de ingreso fue difícil para muchos estudiantes extranjeros.

6.9. ¿Verdadero o falso?

Señale con un círculo la respuesta correcta (verdadero: V/falso: F).

EJEMPLO: Ajunción no es la capital de Chile.   Ⓥ   F

1. La frase tiene sólo un verbo, mientras que la oración tiene más de uno.   V   F
2. El orden de las palabras señala su función sintáctica en la oración.   V   F
3. Un verbo intransitivo necesita un objeto directo.   V   F
4. El sintagma verbal forma el predicado de la oración.   V   F
5. "Qué" puede ser una conjunción subordinante.   V   F
6. Un enunciado mal formado es agramatical.   V   F
7. Las preposiciones son palabras estructurales.   V   F
8. La "a personal" sirve para introducir objetos indirectos de persona.   V   F
9. "Ver" es un verbo preposicionado.   V   F
10. El beneficiario se corresponde con el objeto indirecto.   V   F
11. La tematización es el desplazamiento de un sintagma al inicio de la oración.   V   F
12. El núcleo de un sintagma nominal es el nombre.   V   F
13. Las oraciones imperativas le ofrecen información al oyente.   V   F
14. Las funciones semánticas de los constituyentes de la oración tienen que ver con su estructura.   V   F
15. El actor es siempre el sujeto de la oración.   V   F
16. "Ser", "estar" y "aparecer" son verbos copulativos.   V   F
17. Una pregunta disyuntiva sirve para confirmar una información.   V   F
18. En las oraciones coordinadas aparecen estructuras dependientes unas de otras.   V   F
19. Un verbo ditransitivo no necesita ningún objeto.   V   F
20. La concordancia genera variaciones flexionales.   V   F
21. "Que" puede desempeñar un papel pronominal.   V   F
22. Una muletilla es una oración aseverativa.   V   F
23. La pronominalización es la sustitución de un SN o SAdj por un pronombre.   V   F
24. El objeto predicativo pertenece a los verbos copulativos.   V   F
25. "A" es una preposición.   V   F

6.10. Prueba de autoevaluación

Para realizar esta actividad de revisión y autoevaluación de forma adecuada,

- relea el capítulo y sus apuntes, pero no los utilice durante la prueba.
- limite a quince minutos la realización de la prueba.
- siga la escala de notas a continuación.

(A) 50–45 puntos   (B) 44–40 puntos   (C) 39–35 puntos   (D) 34–30 puntos   (E) 29–0 puntos

1. ¿Qué tipo de verbo es "pertenecer a"? (5 puntos)

_____

2. Señale el sujeto de las oraciones siguientes. (10 puntos)

   a. La medalla de oro la ganó el atleta de California.

_____

   b. ¿No me conoce esa chica que vive contigo?

_____

   c. Mis mejores amigos son Juan y Pedro.

_____

   d. ¡Cómete la sopa!

_____

3. Señale los sintagmas adjetivales en las oraciones que aparecen a continuación. (20 puntos)

   a. El rojo es mi color favorito.

_____

   b. Las niñas francesas llegaron tarde a la aburrida clase de inglés.

_____

   c. Me gusta pintarme las uñas con esmalte rojo.

_____

   d. Lourdes parece preocupada.

_____

4. Realice los diagramas de árbol de las siguientes oraciones. (15 puntos)

   a. Verónica habla inglés.

   b. Isabel fue ayer a la fiesta.

   c. Mi hermana fue enfermera.

Sintaxis II: Algunas estructuras específicas

7.1. Pronombres clíticos

Localice cada uno de los pronombres clíticos en las oraciones siguientes e indique su función (objeto directo, objeto indirecto, reflexivo, actor indeterminado, recíproco, reflexivo intrínseco).

Ejemplo: Maria le pidió sal a la vecina.

Pronombre(s) clítico(s): le

Función: Objeto indirecto

1. Nos encanta el chocolate.

   Pronombre(s) clítico(s): _____

   Función: _____

2. ¡Cómanse ya el pescado!

   Pronombre(s) clítico(s): _____

   Función: _____

3. Te quiero contar una historia.

   Pronombre(s) clítico(s): _____

   Función: _____

4. La esposa lo sabe todo.

   Pronombre(s) clítico(s): _____

   Función: _____

5. Estoy lavándoles el pelo a los niños.

   Pronombre(s) clítico(s): _____

   Función: _____

6. En este pueblo se baila una jota muy vistosa.

   Pronombre(s) clítico(s): _____

   Función: _____

7. A Susana hay que ayudarla a resolver todos sus problemas.

   Pronombre(s) clítico(s): _____

   Función: _____

8. Las medicinas se las das a las gatitas dos veces al día.

    Pronombre(s) clítico(s): _____

    Función: _____

9. Los perros grandes me dan mucho miedo.

    Pronombre(s) clítico(s): _____

    Función: _____

10. Carlos y Eva se dan un beso antes de marcharse al trabajo.

    Pronombre(s) clítico(s): _____

    Función: _____

7.2. Oraciones simples (I): reflexivas, recíprocas y de sujeto nulo

Localice las oraciones reflexivas, recíprocas y de sujeto nulo del texto que aparece a continuación.

Ejemplo: Silvia se peina.

Oración reflexiva

[1]La barbacoa comenzó a las ocho y media. [2]Había muchas personas invitadas a la reunión, entre ellas Jorge y yo. [3]Cuando llegamos, María (la hermana de la anfitriona) y yo nos saludamos, pero no nos volvimos a hablar en toda la noche. [4]Hace mucho tiempo que estamos distanciadas, aunque [5] no sé muy bien por qué. [6]De todos modos, la fiesta estaba siendo muy divertida hasta que, de repente, cuando yo me estaba sirviendo algo de beber y Jorge se estaba preparando la tercera hamburguesa, empezó a hacer un viento terrible. [7]Unos minutos más tarde, comenzó a llover fuertemente y, por desgracia, hubo que suspender la fiesta. [8]¡Qué pena!

1. Oraciones reflexivas:

    _____

    _____

2. Oraciones recíprocas:

    _____

    _____

3. Oraciones de sujeto nulo:

    _____

    _____

7.3. Oraciones simples (II): "Se" indeterminado

Transforme en construcciones pasivas con "se" las oraciones que aparecen a continuación.

Ejemplo: Debes trabajar mucho para obtener un ascenso.

> <u>Oración pasiva:</u> Se debe trabajar mucho para obtener un ascenso

1. Ayer bañaron a las niñas por la tarde.

   Pasiva: _____

2. Todos hacemos lo que podemos para mantenernos en forma.

   Pasiva: _____

3. Alguien limpia las escaleras de nuestro bloque de apartamentos todos los días.

   Pasiva: _____

4. Uno dice muchas tonterías cuando está enfadado.

   Pasiva: _____

5. Habitualmente vigilaban a los prisioneros desde la torre.

   Pasiva: _____

7.4. Tipos de oraciones

Señale si las oraciones que aparecen a continuación son simples o compuestas y diga de qué tipo son en cada caso, o sea

- simples: reflexivas, recíprocas, de sujeto nulo, de actor indeterminado, pasivas, de "se" indeterminado.

- compuestas: coordinadas, subordinadas (nominales, adjetivas o adverbiales).

Ejemplo: Laura se ducha siempre por las noches.

> <u>Tipo:</u> Simple/Reflexiva

1. El señor con quien me viste ayer es mi jefe.

   Tipo: _____

2. Ana y Pedro se visitan todos los días.

   Tipo: _____

3. Ramón plancha e Inmaculada canta.

   Tipo: _____

4. La exposición no fue criticada en los periódicos, sino en la televisión.

   Tipo: _____

5. Hay una araña en el cuarto de baño y me da miedo entrar.

   Tipo: _____

6. He comprado un regalo para que se lo des a Rosario.

   Tipo: _____

7. En verano hay mucha niebla en la ciudad.

Tipo: _____

8. En este apartamento se oye todo a través de esas paredes tan finas.

Tipo: _____

9. No como pescado ni pruebo la carne.

Tipo: _____

10. Te llamaron por teléfono a las siete.

Tipo: _____

7.5. Oraciones complejas: coordinación y subordinación

En el texto siguiente, localice, dentro de las oraciones complejas, las distintas conjunciones coordinantes y subordinantes, o los pronombres relativos, asígnelos a uno de estos dos grupos y diga (en el caso de las conjunciones subordinantes) qué tipo de oración introducen.

Ejemplo: Sé que me estás diciendo la verdad.

Conjunción subordinante: "Que" = introduce una oración subordinada nominal

[1]Anoche conocí a un catedrático que se pinta las uñas de los pies de rojo, cuando va por la noche a la discoteca con los amigos que conoció en la universidad. Es un individuo singular y tiene una personalidad muy divertida además. Aunque no pude hablar con él, he oído muchas historias [4]acerca de sus locuras e incluso me han hablado de sus excentricidades en la vida cotidiana. Como no le falta el dinero, se concede todos los caprichos que desea, pero no es completamente feliz, a pesar de que todos lo piensen. Si este hombre respetable, al que todos conocen y admiran, pudiera, [7]huiría a otro lugar o seguramente comenzaría una nueva vida.

1. Conjunciones coordinantes

    Línea 1: _____

    Línea 2: _____

    Línea 3: _____

    Línea 4: _____

    Línea 5: _____

    Línea 6: _____

    Línea 7: _____

2. Conjunciones subordinantes o pronombres relativos

    Línea 1: _____

    Línea 2: _____

    Línea 3: _____

    Línea 4: _____

    Línea 5: _____

    Línea 6: _____

    Línea 7: _____

7.6. Localización de oraciones subordinadas

Reescriba las oraciones subordinadas, indique de qué tipo son y cuál es la palabra a la que complementan en la oración.

Ejemplo: Hoy no cocino porque Álvaro ha preparado la cena.

Oración subordinada: "Porque Álvaro ha preparado la cena"

Tipo: Adverbial

Complementa a: "Cocino"

1. Juan es un estudiante que va a obtener una buena nota.

   Oración subordinada

   _____

   Tipo: _____

   Complementa(n) a: _____

2. Los exámenes de español nos gustan porque las preguntas son fáciles.

   Oración subordinada

   _____

   Tipo: _____

   Complementa(n) a: _____

3. El novio de Marisa que cocina tan bien no vendrá a la fiesta.

   Oración subordinada

   _____

   Tipo: _____

   Complementa(n) a: _____

4. Sólo quiero que me quieras.

   Oración subordinada

   _____

   Tipo: _____

   Complementa(n) a: _____

5. Cuando el semestre se acabe, me iré de vacaciones.

   Oración subordinada

   _____

   Tipo: _____

   Complementa(n) a: _____

6. El chico que me gusta es muy peludo.

   Oración subordinada

   _____

   Tipo: _____

   Complementa(n) a: _____

7. Deseo que se depile las piernas.

   Oración subordinada

   _____

   Tipo: _____

   Complementa(n) a: _____

8. Él se depilará las piernas cuando yo me ponga un pendiente en el ombligo.

   Oración subordinada

   _____

   Tipo: _____

   Complementa(n) a: _____

9. No me haré ningún agujero en el ombligo porque eso duele mucho.

   Oración subordinada

   _____

   Tipo: _____

   Complementa(n) a: _____

10. Creo que voy a buscar a otro novio menos exigente.

    Oración subordinada

    _____

    Tipo: _____

    Complementa(n) a: _____

7.7. El subjuntivo

Justifique el uso del subjuntivo en las oraciones siguientes usando una de las razones de la lista.

EJEMPLO: Dudo que tengas tiempo de terminar las tareas en una hora.

   Razón: (2) Duda

Razones para el uso del subjuntivo:

_____ 1. Indecisión

_____ 2. Duda

_____ 3. Mandato

_____ 4. Expresión de sentimiento

_____ 5. Momento hipotético (en el futuro)

_____ 6. Cortesía

_____ 7. Condición irreal

_____ 8. Referente hipotético o desconocido

a. Los estudiantes que trabajen mucho obtendrán buenas notas.

b. No es seguro que llueva mañana.

c. En cuanto vuelvas de la oficina, comienzo a preparar la cena.

d. Si naciera de nuevo, cambiaría muchas cosas en mi vida.

e. Quiero que te comas la verdura.

f. Quizás vaya mañana al teatro.

g. Quisiera usar tu ordenador.

h. La persona con quien me case tendrá que saber cocinar muy bien.

i. Te digo que limpies tu habitación ahora mismo.

j. Espero que seas muy feliz.

7.8. Diagramas arbóreos

Dibuje un diagrama arbóreo para analizar cada una de las oraciones que siguen.

EJEMPLO: Eva habla francés.

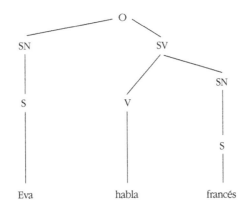

1. Creo que Gabriela no sabe que su hermano no preparó la fiesta.

2. Pilar compró los regalos e Ignacio los envolvió con papel de seda.

3. Como no tengo tiempo, no iré a la fiesta que recomendaron Pepe y Lucía.

4. ¿Quieres que las niñas que no estuvieron en el cumpleaños de Lorena vayan con nosotras al cine?

5. Se miró en el espejo, pero no vio que hubiera huellas de lágrimas en su cara.

7.9. ¿Verdadero o falso?

Señale con un círculo la respuesta correcta (verdadero: V/falso: F).

EJEMPLO: Lima no es la capital de México.	(V)	F
1. Un clítico es un pronombre de sujeto.	V	F
2. Las oraciones complejas tienen uno o más sintagmas verbales.	V	F
3. Las oraciones pasivas no tienen sujeto.	V	F
4. El subjuntivo sólo aparece en oraciones dependientes.	V	F
5. Las oraciones yuxtapuestas están unidas por la conjunción "y".	V	F
6. Los clíticos aparecen tras las formas no personales de los verbos.	V	F
7. El objeto indirecto puede reflejar al actor.	V	F
8. Existen dos tipos de oraciones relativas.	V	F
9. Las oraciones subordinadas no son independientes.	V	F
10. En español el pronombre sujeto normalmente se elide.	V	F
11. "Sino" puede ser una conjunción coordinante.	V	F
12. La oración subordinada también se denomina "matriz".	V	F
13. "Por qué" es una conjunción subordinante.	V	F
14. La reciprocidad implica dos sujetos.	V	F
15. Las oraciones subordinadas relativas modifican al sustantivo.	V	F
16. Existen tres tipos de oraciones subordinadas en español.	V	F
17. El subjuntivo en la oración subordinada adjetiva se refiere a algo o a alguien irreal o desconocido.	V	F
18. Existen oraciones con un sujeto semánticamente vacío.	V	F
19. Los pronombres reflexivos son clíticos.	V	F
20. Los verbos referidos a fenómenos meteorológicos tienen sujeto nulo.	V	F
21. Las oraciones adjetivas restrictivas ofrecen información complementaria.	V	F
22. Las oraciones subordinadas pueden cumplir las funciones de un SN, SV, SAdj o SAdv.	V	F
23. "Se" puede tener la función de objeto indirecto.	V	F
24. Las oraciones subordinadas nominales complementan al nombre.	V	F
25. El pronombre reflexivo y el sujeto tienen el mismo referente.	V	F

7.10. Prueba de autoevaluación

Para realizar esta actividad de revisión y autoevaluación de forma adecuada:

- relea el capítulo y sus apuntes, pero no los utilice durante la prueba.

- limite a quince minutos la prueba.

- siga la escala de notas a continuación.

<u>Escala de notas:</u>

   (A) 50–45 puntos   (B) 44–40 puntos   (C) 39–35 puntos   (D) 34–30 puntos   (E) 29–0 puntos

1. Transforme la siguiente oración agramatical en gramatical. (5 puntos)

   *Juana esté me comiendo todas las fresas porque les guste mucho.

   _____

2. Con las oraciones simples que aparecen a continuación, construya una oración compleja subordinada de tipo adjetiva explicativa y otra de tipo adjetiva restrictiva. (10 puntos)

   <u>Oraciones simples:</u>

   Los chicos llegaron tarde a clase.

   Los chicos viven lejos.

   a. Explicativa

   _____

   b. Restrictiva

   _____

3. Diga de qué tipo son las oraciones siguientes. (15 puntos)

   a. El edificio está siendo rediseñado por un arquitecto famoso.

   _____

   b. Esta mañana ha habido cinco accidentes en la autopista.

   _____

   c. Teresa se compró un vestido precioso.

   _____

   d. Se estudia estupendamente en la biblioteca.

   _____

   e. Hace mucho viento hoy.

   _____

4. Dibuje los diagramas arbóreos de las siguientes oraciones. (20 puntos)

   a. Sólo quiero que se cepille los dientes.

   b. María trabaja en Berkeley pero vive en Oakland.

   c. El coche que compramos es negro.

   d. Si quieres, te preparo un café con leche ahora.

Variación temporal

8

8.1. Cambios vocálicos (I)

Nombre los procesos fonológicos vocálicos que se han producido en el paso del latín al español de estas palabras.

EJEMPLO: festa → fiesta
Proceso: Diptongación de la /e/ breve tónica

1. foetidu → fétido

   Proceso(s): _____
   _____

2. bucca → boca

   Proceso(s): _____
   _____

3. ovu → huevo

   Proceso(s): _____
   _____

4. scaena → escena

   Proceso(s): _____
   _____

5. septe → siete

   Proceso(s): _____
   _____

6. porcu → puerco

   Proceso(s): _____
   _____

7. veritate → verdad

   Proceso(s): _____
   _____

8. spectaculu → espectáculo

Proceso(s): _____

_____

9. pilu → pelo

Proceso(s): _____

_____

10. audire → oír

Proceso(s): _____

_____

8.2. Cambios vocálicos (II)

Tomando en cuenta los cambios indicados que han sucedido en la evolución de las vocales de las siguientes palabras latinas, encuentre la palabra correspondiente del español actual.

EJEMPLO: Diptongación de la vocal tónica

festa → fiesta

1. Diptongación de la vocal tónica y apertura o desaparición de la vocal final.

a. tempu → _____

_____

b. forti → _____

_____

c. portu → _____

_____

d. dece → _____

_____

e. corpu → _____

_____

2. Monoptongación y apertura o desaparición de la vocal final.

a. tauru _____

_____

b. aetate _____

_____

c. paucu _____

_____

d. praecedere _____

_____

e. foecundu _____

_____

8.3. Cambios consonánticos (I)

Indique qué cambios han tenido lugar en las consonantes de cada una de estas palabras en su paso del latín al español.

EJEMPLO: pratu → prado

Proceso(s): Sonorización de la consonante sorda intervocálica

1. alienu → ajeno

   Proceso(s): _____

   _____

2. pro → por

   Proceso(s): _____

   _____

3. annu → año

   Proceso(s): _____

   _____

4. littera → letra

   Proceso(s): _____

   _____

5. gaudiu → gozo

   Proceso(s): _____

   _____

6. amicu → amigo

   Proceso(s): _____

   _____

7. acucula → aguja

   Proceso(s): _____

   _____

8. tegula → teja

   Proceso(s): _____

   _____

9. cappa → capa

   Proceso(s): _____

   _____

10. ferru → hierro

   Proceso(s): _____

   _____

8.4. Cambios consonánticos (II)

Tomando en cuenta los cambios indicados que han sucedido en la evolución de las consonantes de las siguientes palabras latinas, encuentre la palabra correspondiente del español actual.

EJEMPLO: Palatalización

annu → año

1. Sonorización

   a. lacrima → _____

   _____

   b. catena → _____

   _____

   c. patre → _____

   _____

   d. acuta → _____

   _____

   e. formica → _____

   _____

2. Palatalización

   a. senior → _____

   _____

   b. lectu → _____

   _____

   c. plenu → _____

   _____

   d. multu → _____

   _____

   e. palatiu → _____

   _____

3. Añadidura y eliminación de fonos

   a. facere → _____

   _____

   b. stropha → _____

   _____

   c. regina → _____

   _____

   d. ridere → _____

   _____

   e. fumu → _____

   _____

8.5. Cambios morfológicos

En las oraciones siguientes, comente los cambios morfológicos de las formas subrayadas, producidos en el paso del latín al español.

EJEMPLO: Latín: "Poeta amatus est a regina."

Español actual: El poeta fue amado por la reina.

Cambios: Cambio temporal determinado por la forma de *ser* (*amatus est* 'es amado' es reemplazado por *fue amado*)

1. Latín: "Johannes est amabilior quam Ana."

   Español actual: "Juan es más amable que Ana."

   Cambios: _____

   _____

2. Latín: "Video insulam reginae."

   Español actual: "Veo la isla de la reina."

   Cambios: _____

   _____

3. Latín: "Nostri hostes vincebantur."

   Español actual: "Nuestros enemigos eran vencidos."

   Cambios: _____

   _____

4. Latín: "Mater filiam amabit."

   Español actual: "La madre amará a la hija."

   Cambios: _____

   _____

5. Latín: "Pontes a militibus faciuntur."

   Español actual: "Los puentes son construidos por los soldados."

   Cambios: _____

   _____

8.6. Cambios sintácticos

En los siguientes versos del *Cantar del Mío Cid*, señale los procesos sintácticos destacables que separan la versión en castellano medieval de la del español estándar actual.

EJEMPLO: <u>Versión medieval:</u> "De los sos oios" (*Cid*, 1)

<u>Versión actual:</u> "De sus ojos"

<u>Cambios:</u> Se dejó de usar al artículo (*los*) con el posesivo (*sos* = mod. *sus*)

1. Versión medieval: "Estava los catando" (*Cid*, 2)

   Versión actual: "Los estaba mirando"

   Cambios: _____

   _____

2. Versión medieval: "Ya lo vee el Çid que del rey non avie graçia" (*Cid*, 51)

   Versión actual: "Ya lo ve el Cid que del rey no tenía gracia"

   Cambios: _____

   _____

3. Versión medieval: "E aquel que gela diesse" (*Cid*, 27)

   Versión actual: "Y aquel que se la diese"

   Cambios: _____

   _____

4. Versión medieval: "Exido es de Burgos" (*Cid*, 102)

   Versión actual: "Ha salido de Burgos"

   Cambios: _____

   _____

5. Versión medieval: "Enpennar gelo he" (*Cid*, 93)

   Versión actual: "Tengo que empeñárselo"

   Cambios: _____

   _____

8.7. Dobletes

Señale qué palabra de estos dobletes es patrimonial y cuál es culta o semiculta.

Ejemplo: denarium → dinero y denario
Término patrimonial: dinero
Término culto o semiculto: denario

1. clave → llave y clave

   Término patrimonial: _____

   Término culto o semiculto: _____

2. amplu → amplio y ancho

   Término patrimonial: _____

   Término culto o semiculto: _____

3. pensare → pesar y pensar

   Término patrimonial: _____

   Término culto o semiculto: _____

4. collocare → colocar y colgar

   Término patrimonial: _____

   Término culto o semiculto: _____

5. afiliatu → afiliado y ahijado

   Término patrimonial: _____

   Término culto o semiculto: _____

6. clamare → llamar y clamar

   Término patrimonial: _____

   Término culto o semiculto: _____

7. macula → mácula y mancha

   Término patrimonial: _____

   Término culto o semiculto: _____

8. Integru → entero e íntegro

   Término patrimonial: _____

   Término culto o semiculto: _____

9. strictu → estricto y estrecho

   Término patrimonial: _____

   Término culto o semiculto: _____

10. materia → madera y materia

    Término patrimonial: _____

    Término culto o semiculto: _____

8.8. El origen del léxico español

Examine las palabras que aparecen a continuación y, comparándolas con los términos equivalentes en inglés cuando sea posible, clasifíquelas en el grupo que les corresponda. Si hace falta, consulte un buen diccionario con información sobre el origen de las palabras, como el *Diccionario de la Lengua Española* de la Real Academia Española o el *Diccionario Crítico Etimológico* de J. Corominas y J.A. Pascual.

EJEMPLO: Término: Féretro

Grupo B1: Cultismos y semicultismos

Grupo A (anglicismos, americanismos y calcos)

Patata, disco compacto, chocolate, talk show, champú, tabaco, rapear, tomate, fútbol, top model, maíz, café, balompié, club, cheque, cacahuete, reality show, cóndor, balonmano.

1. Anglicismos (préstamos del inglés):

_____

_____

_____

_____

2. Americanismos (préstamos de las lenguas indígenas de América):

_____

_____

_____

_____

3. Calcos:

_____

_____

_____

_____

Grupo B (cultismos y semicultismos, y arabismos)

tristísimo, azahar, posibilidad, albaricoque, óleo, aceite, alfombra, fortísimo, azúcar, pleno, paciencia, almohada, ánima, capítulo, almendra, falso, siglo, azar, zaguán.

1. Cultismos y semicultismos:

_____

_____

_____

2. Arabismos (préstamos del árabe):

_____

_____

_____

_____

8.9. ¿Verdadero o falso?

Señale con un círculo la respuesta correcta (verdadero: V/falso: F).

EJEMPLO: La Habana es la capital de Cuba.   Ⓥ   F

1. La lingüística diacrónica estudia la historia de la lengua.	V	F
2. No existen fuentes que nos permitan conocer las características del latín hablado.	V	F
3. El árabe no influyó ni en la estructura del romance peninsular ni en su léxico.	V	F
4. Las Glosas Emilianenses y Silenses son los primeros testimonios escritos en romano en la Península Ibérica.	V	F
5. El uso latino del verbo "haber" como auxiliar se conserva en castellano.	V	F
6. Un cultismo es una palabra patrimonial.	V	F
7. En latín había más fonemas vocálicos que en castellano.	V	F
8. El fonema /f/ del latín se conservó en castellano.	V	F
9. El orden de los elementos en la oración latina era más libre que en la española.	V	F
10. Un calco es una palabra extranjera incorporada al idioma sin muchos cambios.	V	F
11. El sistema flexional del latín ha desaparecido por completo en español.	V	F
12. La f- latina se conserva siempre en la pronunciación del español actual.	V	F
13. Las jarchas son los primeros poemas en romance.	V	F
14. El Cantar del Mío Cid es un poema épico muy importante porque sirve como testimonio del castellano renacentista.	V	F
15. En latín popular se perdió el contraste entre vocales largas y breves.	V	F
16. Los sustantivos del castellano provienen del acusativo singular latino.	V	F
17. El "Appendix Probi" es un manual para aprender la buena pronunciación del castellano.	V	F
18. Las palabras que han sufrido sólo algunas transformaciones en su paso del latín al castellano se llaman semicultismos.	V	F
19. En castellano siempre aparece una "e" paragógica en las palabras latinas que comienzan con "s" seguida de consonante.	V	F
20. El sistema de casos del latín no se conservó en el romance hispánico.	V	F
21. Las declinaciones eran las terminaciones de las palabras que señalaban su caso.	V	F
22. Un arabismo es un préstamo del árabe.	V	F
23. La monoptongación es un proceso que consiste en la desaparición de la vocal latina.	V	F
24. El mozárabe era la lengua utilizada por los cristianos en territorios árabes.	V	F
25. La palabra "teléfono" es un préstamo híbrido.	V	F

8.10. Prueba de autoevaluación

Para realizar esta actividad de revisión y autoevaluación de forma adecuada:

- relea el capítulo y sus apuntes, pero no los utilice durante la prueba.

- limite a quince minutos la prueba.

- siga la escala de notas a continuación.

Escala de notas:

(A) 50–45 puntos   (B) 44–40 puntos   (C) 39–35 puntos   (D) 34–30 puntos   (E) 29–0 puntos

1. ¿Qué pueblo reinó en la Península Ibérica desde la caída del Imperio Romano hasta la llegada de los árabes? (5 puntos)

_____

_____

_____

_____

2. ¿Qué son las *jarchas*? (5 puntos)

_____

_____

_____

_____

3. En la Edad Media, ¿qué papel oficial tenía la lengua latina? (5 puntos)

_____

_____

_____

_____

4. Mencione tres fuentes que permitan reconstruir las características básicas del latín popular. (15 puntos)

_____

_____

_____

5. Mencione (utilizando el vocabulario adecuado) dos procesos en el paso del latín al español actual que hayan tenido lugar en las palabras que aparecen a continuación. (20 puntos)

cappa(m) → capa /lupu(m) → lobo /bonu(m) → bueno /filiu(m) → hijo

_____

_____

_____

_____

Variación regional

9

9.1. El español en España

Identifique en el mapa de España que aparece a continuación las regiones donde se hablan las siguientes modalidades del español.

1. Castellano (Norte y centro de la Península Ibérica)

2. Andaluz (Andalucía)

3. Extremeño (Extremadura)

4. Riojano (La Rioja)

5. Murciano (Murcia)

6. Canario (Islas Canarias)

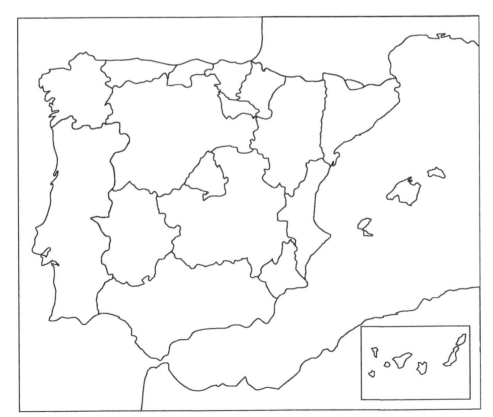

9.2. El español en Hispanoamérica

Identifique en el mapa de Hispanoamérica las regiones donde se hablan las siguientes variantes del español.

1. Variedades mexicanas (México: Centro, Noroeste, Yucatán, Veracruz/Tabasco, Acapulco)

2. Variedades centroamericanas

3. Variedades caribeñas (Cuba, Puerto Rico, República Dominicana, región costeña de Venezuela, Colombia y Centroamérica)

4. Variedades andinas: Venezuela, Colombia, Ecuador, Perú, Bolivia y norte de Chile

5. Variedades chilenas (centro y sur de Chile)

6. Variedades rioplatenses: Argentina, Uruguay y Paraguay

9.3. Leísmo, loísmo y laísmo

Reescriba estas oraciones en su forma estándar e identifique el proceso involucrado en cada caso (leísmo, loísmo y laísmo). Utilice un diccionario para averiguar qué verbos necesitan un objeto directo y cuáles no.

Ejemplo: Versión dialectal: A Fernando le vi en el cine.
Versión estándar: A Fernando lo vi en el cine.
Proceso(s): Leísmo

1. Versión dialectal: Hace dos días que lo envié el mensaje a José y aún no ha contestado.

   Versión estándar: _____

   Proceso(s): _____

2. Versión dialectal: ¿Le llevaste ya a Juanito al circo?

   Versión estándar: _____

   Proceso(s): _____

3. Versión dialectal: La dije a Pilar que fuera a Valladolid.

   Versión estándar: _____

   Proceso(s): _____

4. Versión dialectal: A Pedro uno de sus amigos lo pegó un bofetón en la cara y luego se escondió para que no le viéramos.

   Versión estándar: _____

   Proceso(s): _____

5. Versión dialectal: ¿Qué la pasa a tu niña, no la gusta la comida?

   Versión estándar: _____

   Proceso(s): _____

6. Versión dialectal: Tengo que comprarlo un regalo a mi hermano.

   Versión estándar: _____

   Proceso(s): _____

7. Versión dialectal: Las llamé por teléfono para preguntarlas por su examen.

   Versión estándar: _____

   Proceso(s): _____

8. Versión dialectal: A José le noté triste porque su novia le había abandonado.

   Versión estándar: _____

   Proceso(s): _____

9. Versión dialectal: La pedí que me hiciera un favor y ella no quiso.

   Versión estándar: _____

   Proceso(s): _____

10. Versión dialectal: A mis amigos los encanta la playa, pero nunca les veo allí.

    Versión estándar: _____

    Proceso(s): _____

9.4. Variantes dialectales

Las palabras y expresiones que aparecen a continuación reflejan rasgos del español dialectal de España e Hispanoamérica. Escriba la forma estándar correspondiente y mencione qué procesos pueden explicar la forma dialectal.

Ejemplo: Versión dialectal: "¿Qué te pasa, mi arma?"
Versión estándar: "¿Qué te pasa, mi alma?"
Proceso(s): Rotacismo

1. Versión dialectal: "Me he comprao un vestío colorao."

   Versión estándar: _____

   Proceso(s): _____

2. Versión dialectal: "María tiene una infesión."

   Versión estándar: _____

   Proceso(s): _____

3. Versión dialectal: "¿Qué tú sabe, mi amolsito?"

   Versión estándar: _____

   Proceso(s): _____

4. Versión dialectal: "No sé si Isabelita quedrá vení o si habrá volvío ya a su casa."

   Versión estándar: _____

   Proceso(s): _____

5. Versión dialectal: "Lo niño no saben hasé ná."

   Versión estándar: _____

   Proceso(s): _____

6. Versión dialectal: "¡Qué ohoh tan bonitoh tieneh!"

   Versión estándar: _____

   Proceso(s): _____

7. Versión dialectal: "Mi marío eh mu salao."

   Versión estándar: _____

   Proceso(s): _____

8. Versión dialectal: "Voy a complá la leche pal niño."

   Versión estándar: _____

   Proceso(s): _____

9. Versión dialectal: "La agüela ha estao en er mercao."

   Versión estándar: _____

   Proceso(s): _____

10. Versión dialectal: "¿Qué paza, niña, zubeh al coche o no?"

    Versión estándar: _____

    Proceso(s): _____

9.5. El judeoespañol

Reescriba en español normativo este texto en judeoespañol.

Ejemplo: Texto en judeoespañol
   "En efecto, malgrado ke el djudeo-espanyol de oy (...)"
   Reescritura en español normativo:
   "En efecto, aunque el judeoespañol de hoy (...)"

Texto en judeoespañol

En efecto, malgrado ke el djudeo-espanyol de oy no es el ke era avlado por las primeras jenera-siones de desendientes de los ke fueron ekspulsados de Espanya, malgrao ke desde entonses esta lengua se troko bastante, kon la inkluzion de un grande numero de palavras turkas, ebreas i fransezas, malgrado esto i otros faktores mas, esta es ainda klaramente una lengua espanyola ke puede ser entendida bastante fasilmente por los ispano-avlantes de otros paizes i otras kulturas. La supervivensia del djudeo/espanyol es un fenomeno ke desha intrigados i maraviyados a los afisionados del ispanizmo en las diversas partes del mundo. Ainda mas kurioza i interesante es la supervivensia no solo de la lengua, sino ke de toda una kultura i mizmo de una mentalidad espanyola, al seno de los sefaradis, los desendientes de los exilados.

Komo puede eksplikarse este fenomeno, del apegamiento de esta komunida a la lengua i kultura del paiz ke la avia tan kruelmente tratado? ¿I a ke era devido el refuzo obstinado de los sefaradis de intergrarsen en la kultura del paiz ke los avia resivido tan jenerozamente, dandoles la posibilidad de empesar en una mueva vida i prosperar en sus aktividades ekonomikas kaje sin ninguna restriksion?

Para responder a estas preguntas kale tomar en kuento siertos faktores bazikos. En primer lugar, ke para los djudios ekspulsados de Espanya, el espanyol era sus lengua materna, la lengua ke eyos avlavan, meldavan i entendian mijor ke kualkera otra, inkluzo el ebreo. Ademas, munchos de los ekspulsados eran parte de la elite kultural i intelektual de Espanya. Entre eyos avia eskritores i poetas, savios i maestros de eskola, medikos, kartografos, astronomos etc., ke tenian un ekselente konosimiento del espanyol de akeya epoka i ke eskrivieron numerozos livros, antes i despues de la ekspulsion.

Otro faktor ke kontribuyo a la kontinuidad sentenaria del djudeo-espanol, fue ke, malgrado sus aleshamiento de Espanya, los sefaradis kontinuaron a estar al koriente, durante munchos anyos, de los akontesimientos en dicho paiz i de los dezvelopamientos en el kampo de la kreasion literaria. Esto ultimo, grasias a los marranos ke venian a unirse kon eyos, bastante regolarmente i en grupos mas o menos grandes, sigun las presiones exersadas sovre eyos por la inkizision en la Peninsula.

("El djudeo-español ainda bivo?..." Por Moshe Shaul, ABC Sábado cultural. Madrid, 10 de agosto de 1985. pág. 10)

Reescritura en español normativo:

_____

_____

_____

_____

_____

_____

_____

_____

_____

Workbook to Accompany Introducción a la lingüística española, 3/e

9.6. Papiamento

Reescriba en español normativo el siguiente texto en papiamento.

EJEMPLO: Texto en papiamento:
"Gobernador señor Fredis Refunjol a duna e siguiente discurso (...)"
Reescritura en español normativo:
"El señor gobernador Fredis Refunjol dio/ha dado el siguiente discurso (...)"

Texto en papiamento

Gobernador señor Fredis Refunjol a duna e siguiente discurso, durante e sesion extraordinario di diamars mainta, den cual el a proclama publicamente su aceptacion di e cargo importante aki.

"Awor cu mi a caba di asumi e funcion di Gobernador di Aruba, cual ta un honor grandi cu ta toca mi, lo mi kier a haci uso di e oportunidad pa dirigi mi mes na Parlamento, y por medio di Parlamento na henter pueblo di Aruba. Mi kier confirma y duna e siguranza cu mi lo eherce mi funcion segun e mas elevado normanan di etica constitucional, cu respet pa ley y tur conciudadano. Mi meta ta pa ser un digno Gobernador, sin distincion algun di raza, credo o color."

(Diario Online – "E Matutino di Aruba", 13 de mayo de 2004: <http://www.diarioaruba.com/>)

Reescritura en español normativo

_____

_____

_____

_____

_____

_____

_____

_____

_____

_____

_____

_____

9.7. Chabacano

Reescriba en español normativo el siguiente fragmento del Padrenuestro en chabacano y señale los rasgos (palabras) españoles del texto.

EJEMPLO: Texto en chabacano:
"Tata diamon (...)"
Reescritura en español normativo:
"Padre Nuestro (...)"
Rasgos españoles:
"Tata" = "padre," forma afectiva usada en algunos lugares de América.

Texto en chabacano

1 Tata diamon talli na cielo, bendito el di Uste nombre.

2 Ace el di Uste voluntad aqui na tierra, igual como alli na cielo.

3 Dale kanamon el pan para cada dia.

4 Perdona el diamon maga culpa, como ta perdona kame con aquellos tiene culpa kanamon.

5 No deja que ay cae kame na tentacion.

6 Y libra kanamon del mal.

Reescritura en español normativo

_____

_____

_____

_____

_____

_____

_____

_____

Rasgos españoles

Línea 1: _____

Línea 2: _____

Línea 3: _____

Línea 4: _____

Línea 5: _____

Línea 6: _____

9.8. Cada oveja con su pareja

Enlace cada uno de los elementos de la columna de la izquierda (con números) con su correspondiente pareja de la columna de la derecha (con letras).

_____ 1. Fronterizo   a. Lengua común que une ciertas variedades lingüísticas

_____ 2. Habla criolla   b. Macrodialecto

_____ 3. Judeoespañol   c. Lengua indígena del Paraguay

_____ 4. Extremeño   d. Lengua extinta de las Antillas

_____ 5. Español canario   e. Pidgin adquirido como idioma materno

_____ 6. Chabacano   f. Conjunto de dialectos portugueses del Uruguay

_____ 7. Español caribeño   g. Sefardí

_____ 8. Guaraní   h. Habla de las provincias españolas de Cáceres y Badajoz

_____ 9. Koiné   i. Variante lingüística de uno de los archipiélagos españoles

_____ 10. Taíno   j. Lengua criolla de Filipinas

9.9. ¿Verdadero o falso?

Señale con un círculo la respuesta correcta (verdadero: V/falso: F).

EJEMPLO: Quito es la capital de Ecuador.   (V)   F

	V	F
1. La dialectología se concentra en la variación regional de la lengua.	V	F
2. El número de hablantes de judeoespañol está aumentando rápidamente en los últimos años.	V	F
3. El hablante rotacista no pronuncia la consonante vibrante múltiple.	V	F
4. Los dialectos regionales son las variedades diatópicas de la lengua.	V	F
5. El tagalo es una lengua hablada en Filipinas.	V	F
6. El laísmo es el uso del pronombre "la" para objeto directo e indirecto.	V	F
7. El judeoespañol es una lengua criolla.	V	F
8. En la pronunciación yeísta, "halla" y "haya" son homónimos.	V	F
9. La modalidad meridional del español de España se caracteriza por la articulación apicoalveolar de los sonidos sibilantes.	V	F
10. El papiamento es un fenómeno fonético típico del Caribe.	V	F
11. Los dialectos portugueses de Uruguay se basan en el español popular.	V	F
12. El lleísmo es un fenómeno típico en el habla del sur de España.	V	F
13. En andaluz se puede llegar a aspirar la /f/ inicial latina.	V	F
14. Un hablante zheísta presenta un rehilamiento en la articulación de la consonante fricativa palatal sonora.	V	F
15. La /s/ se articula de forma aspirada en posición inicial de sílaba.	V	F
16. El voseo es un fenómeno fonético muy habitual en Argentina.	V	F
17. En la República Dominicana la vibrante múltiple se velariza.	V	F
18. En el léxico general del español existen africanismos.	V	F
19. La consonante africada palatal sorda tiende a desoclusivizarse en andaluz.	V	F
20. La velarización de la nasal final es habitual en Argentina.	V	F
21. En Guinea Ecuatorial se habla "pichinglis".	V	F
22. El ceceo es la distinción entre [s] y [θ].	V	F
23. El español americano usa palabras consideradas arcaicas en el español de España.	V	F
24. El fonema /x/ se articula como [h] en el sur de España.	V	F
25. El chabacano es la lengua oficial en Filipinas.	V	F

9.10. Prueba de autoevaluación

Para realizar esta actividad de revisión y autoevaluación de forma adecuada:

- relea el capítulo y sus apuntes, pero no los utilice durante la prueba.

- limite a quince minutos la prueba.

- siga la escala de notas a continuación.

Escala de notas:

(A) 50–45 puntos   (B) 44–40 puntos   (C) 39–35 puntos   (D) 34–30 puntos   (E) 29–0 puntos

1. ¿Cómo se llaman las lenguas criollas de influencia española habladas en las Antillas Holandesas y Colombia respectivamente? (10 puntos)

_____

_____

2. ¿En qué lugar de África es el español lengua cooficial? (5 puntos)

_____

_____

3. ¿Con qué otro nombre se denomina habitualmente al "ladino"? (5 puntos)

_____

_____

4. Indique dos regiones (una de España y otra de América) cuya modalidad del español se caracterice por ser lambdacista y rotacista. (10 puntos)

_____

_____

5. Nombre cinco dialectos o modalidades del español actual y diga dónde se ubican. (20 puntos)

_____

_____

_____

_____

_____

Variación social

10.1. Rasgos sociolingüísticos

A continuación aparecen dos listas: la primera (con números), de rasgos sociolingüísticos y la segunda (con letras), de variables sociales y regionales. Asocie cada elemento de la primera lista con su variable de la segunda.

Ejemplo: <u>Rasgo:</u> (1) Loísmo

<u>Variable:</u> (a) Rasgo estigmatizado y propio del habla popular

Rasgos	**Variables**
_____ 1. Zheísmo con alófono sordo	a. General en todos los países hispanohablantes
_____ 2. Lleísmo	b. Tratamiento muy difundido en Hispanoamérica
_____ 3. Rotacismo y lambdacismo	c. Estigmatizado en la lengua culta hablada de España
_____ 4. Yeísmo	d. Propio del español de España
_____ 5. Voseo	e. Difundido entre mujeres argentinas menores de treinta años
_____ 6. Seseo	f. Difundido en el Hispanoamérica, Andalucía y Canarias
_____ 7. Uso del pronombre "vosotros"	g. Frecuente en el Caribe entre hablantes de nivel socioeconómico bajo
_____ 8. Laísmo	h. Usado por hablantes mayores de pueblos del centro y norte de España

10.2. El habla rural puertorriqueña

Reescriba en español normativo el siguiente fragmento de la obra de René Marqués "La Carreta".

Ejemplo: <u>Habla rural:</u> "No seah animal."

<u>Español normativo:</u> "No seas animal."

<u>Texto en habla rural</u>

Luis: —No seah animal. Vah a dir pa que aprendah a ganal máh chavoh. El bruto siempre se quea abajo…

Chaguito: —El que nase bruto sí. Pero yo sé bahtante…

Juanita: —Sí, con tu tercer grado…

Chaguito: —Tú cállate. Lah mujereh jablan cuando lah gallinah mean.

DON CHAGO: —(*Riendo.*) Ay, ay. Si yo jubiera podío desile eso a mi difunta.

JUANITA: —Eso eh. Ríale lah grasiah al dehcarao ehte.

(...)

DON CHAGO: —Conque el gallo se había desaparesío, ¿eh?

CHAGUITO: —¡Ay, bendito viejo, no diga ná! Míe que si dise argo Luis me vende er gallo. Ya oyó lo que dijo. Miguel lo ehtá ehperando.

DON CHAGO: —Caramba, le dan treh buenoh pesoh por el condenao gallo. ¿Tú piensah sacale máh en er pueblo?

(René Marqués, *La carreta*, págs. 30–31)

<u>Reescritura en español normativo</u>

_____

_____

_____

_____

_____

_____

_____

_____

_____

_____

_____

_____

_____

_____

_____

_____

_____

_____

10.3. Fórmulas de tratamiento

Escoja el pronombre y la fórmula de tratamiento adecuados en cada una de las situaciones comunicativas que aparecen a continuación. Sírvase de las figuras 10.2 y 10.3. del manual si lo considera necesario.

Situación comunicativa: En México, un joven se dirige a sus amigos Francisco y Guadalupe
Pronombre de tratamiento: "Ustedes"
Fórmula de tratamiento: Nombre de pila/Diminutivo: "Pancho", "Lupita"

1. Situación comunicativa: En México un cliente habla con su abogada, Ana Moreno

   Pronombre de tratamiento: _____

   Fórmula de tratamiento: _____

2. Situación comunicativa: En Andalucía, un joven habla con dos amigas, Pilar y Francisca

   Pronombre de tratamiento: _____

   Fórmula de tratamiento: _____

3. Situación comunicativa: En Nicaragua, un empresario habla con su empleado, Luis Ruiz

   Pronombre de tratamiento: _____

   Fórmula de tratamiento: _____

4. Situación comunicativa: En Madrid, una joven habla con sus amigas Dolores y Eva

   Pronombre de tratamiento: _____

   Fórmula de tratamiento: _____

5. Situación comunicativa: En México, un estudiante universitario se dirige a su profesor Felipe Hernández

   Pronombre de tratamiento: _____

   Fórmula de tratamiento: _____

10.4. El voseo

Señale en el mapa siguiente los países en los que se utiliza el pronombre "vos" para referirse a la segunda persona, ya sea exclusivamente o junto a "tú".

Países con voseo

Centroamérica: (1. Panamá, 2. Costa Rica, 3. Nicaragua, 4. Honduras, 5. Guatemala, 6. El Salvador.)

Sudamérica: (7. Venezuela, 8. Colombia, 9. Ecuador, 10. Bolivia, 11. Paraguay, 12. Argentina, 13. Uruguay, 14. Chile.)

10.5. Argot

Reescriba en español estándar las siguientes oraciones, propias de distintos tipos de argot. Si hace falta, consulte un diccionario o el Internet.

Ejemplo: Versión en argot juvenil: "¡Ana, tía, de qué vas, esa peli es una pasada!"

Versión estándar: "¡Ana, no tienes razón, esa película es excelente!"

1. Versión en argot médico: "El neonato manifestaba encefalopatía, hipotermia e hipoxia."

   Versión estándar: _____

2. Versión en argot lingüístico: "La neutralización de la oposición fonológica /s/ y /θ/ es general en Hispanoamérica."

   Versión estándar: _____

3. Versión en argot juvenil: "Óscar está colgado por Sagrario, pero ella pasa mucho."

   Versión estándar: _____

4. Versión en lunfardo: "Al laburante le aliviaron un par de lucas."

   Versión estándar: _____

5. Versión en argot culinario: "Primero tienes que escalfar el tomate y luego lo cortas en juliana."

   Versión estándar: _____

10.6. Lunfardo

Encuentre para cada palabra en lunfardo (lista con letras) el término equivalente en español estándar (lista con números).

EJEMPLO: Lunfardo: (a) "Feca"/(b) "Vesre"
Español estándar: (1) "Revés"/(2) "Café"
Solución: a.2./b.1

Términos en lunfardo

_____ 1. javie

_____ 2. cuore

_____ 3. coco

_____ 4. ispa

_____ 5. morfilar

_____ 6. jaife

_____ 7. broncudo

_____ 8. amurado

_____ 9. cana

_____ 10. fiaca

_____ 11. mamúa

_____ 12. afano

_____ 13. ajoba

_____ 14. catrera

_____ 15. lorca

_____ 16. macanudo

Términos en español estándar

a. comer

b. cama

c. robo

d. país

e. abandonado

f. pereza

g. corazón

h. enfadado

i. estupendo

j. policía

k. abajo

l. cabeza

m. vieja

n. elegante

o. borrachera

p. calor

10.7. Palabras tabú

Localice las palabras tabú que aparecen en las oraciones siguientes, diga de qué tipo son (tabú sexual, religioso, etc.) y reescriba la oración eliminando estas palabras.

EJEMPLO: "Irene se ha puesto unos implantes de silicona en las tetas."
Palabra(s) tabú: "tetas"
Tipo: sexual
Versión cuidada: "Irene se ha puesto unos implantes de silicona en los pechos."

1. "Se pegó una hostia con el coche de mucho cuidado."

Palabra(s) tabú: _____

Tipo: _____

Versión no tabú: _____

2. "Está cayendo una nevada que no va a ir ni dios a clase esta tarde."

   Palabra(s) tabú: _____

   Tipo: _____

   Versión no tabú: _____

3. "¡Qué cabrón eres, mira que irte del restaurante sin pagar...!"

   Palabra(s) tabú: _____

   Tipo: _____

   Versión no tabú: _____

4. "¿Qué coño quieres ahora?"

   Palabra(s) tabú: _____

   Tipo: _____

   Versión no tabú: _____

5. "Javier le dio un hostión en el culo a la vecina del cuarto."

   Palabra(s) tabú: _____

   Tipo: _____

   Versión no tabú: _____

10.8. Cocoliche

Reescriba en español normativo el fragmento de la obra de Armando Discepolo, "Stefano", que aparece abajo.

EJEMPLO: Cocoliche: "Nada. E la caída de este peso cada ve má tremendo é la muerte."
Español normativo: "Nada. Y la caída de este peso cada vez más tremendo es la muerte."

Texto en cocoliche

STÉFANO: —Nada. E la caída de este peso cada ve má tremendo é la muerte. Sémpliche. Lo único que te puede hacer descansar es l'ideale... el pensamiento... Pero l'ideale es una ilusión e ninguno l'ha alcanzado. Ninguno. No hay a la historia, papá, un solo hombre, por más grande que sea, que haya alcanzado l'ideale. Al contrario: cuando más alto va meno ve. Porque, a la fin fine, l'ideale es el castigo di Dío al orguyo humano; mejor dicho: l'ideale es el fracaso del hombre.

ALFONSO: —Entonce, el hombre que lo abusca, este ideale ca no s'encuentra, tiene que dejare todo como está.

STÉFANO: —¿Ve cómo me entiende, papá?

ALFONSO: —Pe desgracia mía. Ahora me sale co eso: "La vita es una ilusione." ¡No! No es una ilusione. Es una ilusione para lo loco. El hombre puede ser feliche materialmente. Yo era feliche. Nosotro éramo feliche. Teníamo todo. No faltaba nada. Tierra, familia e religione. La tierra... Chiquita, nu pañuelito... Pero que daba l'alegría a la mañana, el trabajo al sole e la pache a la noche. La tierra... la tierra co la viña, la oliva e la pumarola no es una ilusione, no engaña, ¡e lo único que no engaña! E me l'hiciste vender para hacerne correr a todo atrás de la ilusione, atrás del ideale que, ahora no s'alcanza, atrás de la mareposa. M'engañaste. [...] E m'engañaste otra ve: "Papá, vamo a ser rico. Voy a escribir una ópera mundiale. Vamo a poder comprar el pópolo. Por cada metro que tenimo vamo a tener una cuadra..." E yo, checato, te creí.

(Armando Discepolo, *Stéfano,* p. 588–589.)

Reescritura en español normativo

10.9. ¿Verdadero o falso?

Señale con un círculo la respuesta correcta (verdadero: V/falso: F).

EJEMPLO: Caracas no es la capital de Venezuela.   V   Ⓕ

1. La sociolingüística estudia la variación social de la lengua.   V   F

2. Los tabús lingüísticos pueden relacionarse con la función factitiva del lenguaje.   V   F

3. El cocoliche es un habla híbrida del Perú.   V   F

4. Los miembros de una comunidad de habla comparten una lengua.   V   F

5. El lambdacismo suele ser común entre hablantes urbanos.   V   F

6. "Vosotras" es un pronombre de tratamiento.   V   F

7. Algunas variaciones lingüísticas se dan sólo o más frecuentemente entre las mujeres que entre los hombres.   V   F

8. Un individuo bilingüe total normalmente usa el idioma dominante en su vida profesional.   V   F

9. Las palabras tabú son las mismas en todos los países que comparten una lengua.   V   F

10. En los tangos hay términos del lunfardo.   V   F

11. Tutearse es un signo de familiaridad entre los hablantes.   V   F

12. Gracias al proceso denominado "degradación semántica" una palabra tabú se puede incorporar al habla corriente.   V   F

13. La formación académica del individuo se refleja en su uso del idioma.   V   F

14. En una situación diglósica, las dos modalidades lingüísticas siempre se usan indistintamente en todas las situaciones.   V   F

15. Ciertas variantes de la lengua son intrínsecamente malas.   V   F

16. El pronombre "usted" puede servir como muestra de subordinación.   V   F

17. El vesre es un proceso que consiste en acortar las sílabas.   V   F

18. Paraguay es un ejemplo de diglosia.   V   F

19. Los eufemismos son términos políticamente correctos.   V   F

20. El bilingüismo total es un proceso relativamente común.   V   F

21. El argot es la lengua coloquial de una comunidad que comparte una profesión o actividad.   V   F

22. El loísmo es aceptable tanto en la lengua culta como popular.   V   F

23. Las blasfemias son injurias contra Dios.   V   F

24. La edad no es un elemento causante de variación lingüística.   V   F

25. Los sociolectos son dialectos sociales.   V   F

10.10. Prueba de autoevaluación

Para realizar esta actividad de revisión y autoevaluación de forma adecuada,

- relea el capítulo y sus apuntes, pero no los utilice durante la prueba.

- limite a quince minutos la prueba.

- siga la escala de notas a continuación.

<u>Escala de notas:</u>

    (A) 50–45 puntos   (B) 44–40 puntos   (C) 39–35 puntos   (D) 34–30 puntos   (E) 29–0 puntos

1. ¿Con qué otra palabra se conoce al "argot"? (5 puntos)

   _____

   _____

2. ¿Cómo se denomina el uso de los pronombres "tú/vosotros, -as" en la conversación? (5 puntos)

   _____

   _____

3. ¿Qué proceso explica el uso de la palabra "bacalado" en lugar de "bacalao"? (10 puntos)

   _____

   _____

4. ¿Cómo se llama a las palabras empleadas en lengua cuidada en lugar de términos malsonantes u ofensivos? (10 puntos)

   _____

   _____

5. Proporcione dos ejemplos de hablas híbridas argentinas. (20 puntos)

   _____

   _____

Variación contextual

11.1. Elementos del acto de habla

Indique los distintos elementos que conforman el contexto comunicativo en cada uno de los diálogos siguientes.

EJEMPLO: —Buenos días, señor profesor, ¿cómo está usted?

—Bien, gracias. ¿Y usted?

<u>Ambiente:</u> Espacio público, académico (universidad)

<u>Participantes:</u> Profesor y estudiante

<u>Género:</u> Saludo

<u>Clave:</u> Formal, distante

<u>Propósito:</u> Interaccional

Diálogo 1

—Juana, ¿me pones media docena de huevos y un litro de leche?

—Aquí tienes. ¿Algo más? ¿Quieres unos dulces para la niña?

—No, déjalo, que todavía tengo en casa.

Ambiente: _____

Participantes: _____

Género: _____

Clave: _____

Propósito: _____

Diálogo 2

—Buenos días, señores. Hoy vamos a comenzar con el análisis del poema de Miguel Hernández de la página 95. Por favor, abran el libro.

Ambiente: _____

Participantes: _____

Género: _____

Clave: _____

Propósito: _____

Diálogo 3

—Adiós, mi amor, me voy ya a la oficina.

—Adiós, Maribel. Cariño, no trabajes mucho hoy, ¿eh?

Ambiente: _____

Participantes: _____

Género: _____

Clave: _____

Propósito: _____

Diálogo 4

—Alicia, ¿ha llegado ya la señora Domínguez?

—Sí, doctor. La he hecho pasar a la sala de reconocimientos.

Ambiente: _____

Participantes: _____

Género: _____

Clave: _____

Propósito: _____

Diálogo 5

—Bueno, señor Pérez, ¿qué piensa usted que lo hace el candidato ideal para cubrir la vacante en mi empresa?

—Ante todo, señor director, mi experiencia laboral. Haber trabajado cinco años como representante de ventas me será de suma utilidad a la hora de desempeñar el trabajo…

Ambiente: _____

Participantes: _____

Género: _____

Clave: _____

Propósito: _____

11.2. Registros

Diga a qué nivel de formalidad o registro (protocolario, formal, consultivo, familiar o íntimo) pertenece cada una de estas oraciones.

Ejemplos: "¡Cielito, cuánto te quiero!"
Registro: Íntimo

1. "Señoras y señores, hoy abrimos nuestro noticiero con la última información sobre los incendios en Alaska."

   Registro: _____

2. "Prohibido entrar sin casco a la obra."

   Registro: _____

3. "Camarero, ¿me pone un café y unos churros?"

   Registro: _____

4. "¿Mami, me recoges tú hoy del cole o irá papá?"

   Registro: _____

5. "Se ruega que no arrojen basura al suelo."

   Registro: _____

6. "Buenos días, me gustaría pedir hora para teñirme el pelo."

   Registro: _____

7. "Resolución del 14 de junio de 2004 del Ministerio de Educación y Ciencia, por la que se convocan becas de investigación para jóvenes lingüistas."

   Registro: _____

8. "Todos los empleados deben lavarse las manos antes de volver al trabajo."

   Registro: _____

9. "¡Oye, a ver si le quitas un poco de voz a la tele, que me estás dejando sordo!"

   Registro: _____

10. "Señores, el primer punto a tratar en esta reunión será el de los recortes de gastos publicitarios."

    Registro: _____

11.3. La autoestima: Variación de significado según el contexto

Señale en cada uno de los diálogos siguientes el miembro de la conversación cuya autoestima (o autoimagen o prestigio personal) se ve comprometida y la causa por la que esto se produce.

Ejemplo: (*En la calle*)

   Amigo 1: —Hombre, ya estás aquí…

   Amigo 2: —¿Hace mucho que me esperas?

   Amigo 1: —Pues, teniendo en cuenta que quedamos a las siete y son las ocho menos cuarto, sí, se puede decir que hace mucho que espero…

   ¿Quién ve comprometida su autoestima?: El amigo 2

   ¿Por qué?: Porque se retrasa, pero no lo reconoce ni se disculpa, y además el amigo 1 se lo recrimina.

Diálogo 1

(*En la calle*)

ESTUDIANTE: —A ver, Pedro, entréGueme el trabajo antes de irse.

PROFESORA: —Ah, pero profesora, ¿no era para mañana?

¿Quién ve comprometida su autoestima?: _____

¿Por qué?: _____

Diálogo 2

(*En una oficina*)

SECRETARIA 1: —Ay, Rosita, yo sé que no me lo quieres decir, pero... ¿a que estás embarazada? Esa barriguita está creciendo mucho últimamente...

SECRETARIA 2: —¿Cómo? Por supuesto que no estoy embarazada, pero qué dices...

¿Quién ve comprometida su autoestima?: _____

¿Por qué?: _____

Diálogo 3

(*En una cena formal*)

EMPLEADO: —Oh, creo que preferiría beber un refresco de cola, señora Ochoa.

ESPOSA DEL JEFE: —¿Con el aperitivo de caviar ruso? ¿Está seguro?

¿Quién ve comprometida su autoestima?: _____

¿Por qué?: _____

Diálogo 4

(*En una tienda*)

AMIGA 1: —¡Marisol, cuánto tiempo sin verte!

AMIGA 2: —Hola, Bea, es verdad... Mira ven, que te presento a Luis, mi...

AMIGA 1: —Ay, no hace falta que me digas: es tu padre, tenéis los dos la misma mirada...

AMIGA 2: —¿Mi padre? Pues no, es mi nuevo novio...

¿Quién ve comprometida su autoestima?: _____

¿Por qué?: _____

Diálogo 5:

(*Una pareja de novios en un bar*)

CHICA: —Hola, Miguel... Ya veo que hoy estás acompañado. ¡Nos vemos mañana como quedamos!

NOVIA: —Oye, Miguel, ¿pero quién es ésa?

NOVIO: —Ay, no tengo ni idea. Me habrá confundido con otro...

¿Quién ve comprometida su autoestima?: _____

¿Por qué?: _____

11.4. Clases de actos de habla

Diga qué tipo de acto de habla realizan las oraciones que aparecen abajo: proporcionar información (informativo), plantear una pregunta (interrogativo), realizar un mandato o ruego (directivo) o ejecutar la acción del verbo (factitivo, comprometimiento).

EJEMPLO: "Yo los declaro marido y mujer."

    —Tipo de acto de habla: Ejecuta la acción del verbo (factitivo)

1. "Este fin de semana se espera una bajada en las temperaturas."

    Tipo de acto de habla: _____

2. "¿Por qué no le compras unas flores a Pepa? Hoy es su cumpleaños."

    Tipo de acto de habla: _____

3. "¿Está Elena enferma?"

    Tipo de acto de habla: _____

4. "Me dijo que no sabía a qué hora cierran los bancos."

    Tipo de acto de habla: _____

5. "Señor Hernández, su conducta en la oficina me resulta insoportable y, por ello, me veo en la necesidad de despedirlo."

    Tipo de acto de habla: _____

6. ¿Tienes hora?

    Tipo de acto de habla: _____

7. "Te digo que ordenes tu cuarto ahora mismo."

    Tipo de acto de habla: _____

8. ¿Sabes que me casé en secreto en Las Vegas hace dos semanas?

    Tipo de acto de habla: _____

9. "Ven a verme cuanto antes, tengo que hablar contigo."

    Tipo de acto de habla: _____

10. "Te juro que no le voy a contar a nadie nada de lo que me has dicho."

    Tipo de acto de habla: _____

11.5. Máximas conversacionales (I)

Todos los diálogos que aparecen abajo violan una o varias de las normas conversacionales. Descubra cuál es la máxima que no se respeta en cada caso.

EJEMPLO: AMIGA 1: —¡Laura, cuánto tiempo sin verte! ¿Qué tal lo pasaste en la luna de miel? ¿Hizo buen tiempo? ¿Era bonito el hotel? ¿Compraste muchos regalos?

    AMIGA 2: —Sí.

    Máxima no respetada: Cantidad: información insuficiente

Diálogo 1
(*En un elevador*)

VECINO 1: —Oye, Pepe, anoche te oí discutir con tu mujer. ¿Estás bien?

VECINO 2: —Hoy hace un tiempo magnífico, ¿no te parece?

Máxima no respetada: _____

Diálogo 2
(*En un banco*)

CLIENTE: —Señorita, tengo un problema con este cheque que me han devuelto sin razón.

CAJERO: —Sí, pasa mucho. Pues mire, vaya a la casilla número 7, donde le darán unos papeles para rellenar y le pedirán otros de la casilla número 5. Luego tendrá que entregar algunos de los papeles a la casilla número 2. En la casilla número 5 seguramente le dirán que hable con el director, así que también tendrá que pasarse por su despacho. La casilla número 7 sólo abre de dos a cinco de la tarde y el director sólo está aquí hasta las doce, así que lo mejor es que venga mañana bien tempranito y sin prisa.

Máxima no respetada: _____

Diálogo 3
(*En un parque*)

ÁLVARO: —Mi amor, ¿cuándo nos vamos a ir juntitos de vacaciones?

LUCÍA: —Cuando las ranas críen pelos.

Máxima no respetada: _____

Diálogo 4
(*Por la calle*)

PEDRO: —Oye, Carlos, a ver si me devuelves ya la moto, que sólo te la dejé para el fin de semana.

NOVIA DE CARLOS: —Ah, Carlos, pero ¿no me habías dicho que te habías comprado esta moto para pasearme por la ciudad?

Máxima no respetada: _____

Diálogo 5
(*En una tienda*)

CLIENTE: —Oiga, ¿me puede decir cuánto cuesta este pantalón?

VENDEDOR: —Ay, si usted viera... Antes, al diseñador de esa prenda no lo conocía nadie y, claro, toda su ropa era muy barata. De muy buena calidad, eso sí, y bonita, vaya, pero barata. Sin embargo, ahora, desde que no sé qué actriz se encaprichó con esta ropa...; ¡usted no se puede ni imaginar lo que ha subido el precio! Y es que me da hasta vergüenza decirle que cuesta doscientos dólares...

Máxima no respetada: _____

11.6. Máximas conversacionales (II)

En los diálogos siguientes la respuesta, aunque gramaticalmente impecable, no es comunicativamente correcta, porque involucra una interpretación anómala de la pregunta. Explique en qué consiste la anomalía en cada caso, sirviéndose de los ejemplos de la sección 11.4. del manual.

EJEMPLO: —¿Adónde va esta calle?

—Hombre, que yo sepa nunca se ha movido de aquí.

Interpretación irrelevante de "*ir*" como "*dirigirse*". (La calle no es un ente animado.)

1. —¿Me podría dar la hora?

   —Lo siento. Acabo de dársela a aquel señor.

   _____

   _____

2. —¿Me puedes pasar el pan?

   —No, porque te lo comerías.

   _____

   _____

3. —¿Sabes que hora es?

   —Por supuesto que sí.

   _____

   _____

4. —¿Tiene usted familia?

   —Qué va, más bien me tiene ella.

   _____

   _____

5. —¿Cuánto tiempo piensa quedarse en nuestro país?

   —Hombre, eso va depender de cómo me traten ustedes.

   _____

   _____

11.7. Estrategias comunicativas: marcadores del discurso

El texto que aparece a continuación es un mensaje escrito que una estudiante (Isabel) le ha dejado a su amiga y compañera de apartamento (Lorena). Localice en el mismo todos los marcadores del discurso (véanse los ejemplos de la sección 11.5.1. del manual) utilizados por Isabel.

Mensaje de Isabel:

Hola Love,

Bueno, como no estás, te tengo que escribir esta cartita. A ver, es que no te localizo nunca... En fin, que voy a ir a la fiesta del cumpleaños de María esta noche; nada, que dice ella que si vienes tú también: vamos, que te está invitando. Por cierto, no sé qué comprarle, o sea, que podemos ir las dos esta tarde, ¿vale?

Bueno, pues nada. Ya hablamos, ¿eh?

Un besito,

Isi

Marcadores del discurso:

_____

_____

11.8. Lengua oral y lengua escrita

El siguiente texto es una transcripción literal de un mensaje dejado en un contestador telefónico madrileño. Transforme el mensaje oral en uno escrito, realizando los cambios necesarios para conformar el discurso a las normas de la escritura, es decir, eliminando todos los elementos típicos de la oralidad como las repeticiones, introduciendo marcadores del discurso y signos de puntuación, etc., para conservar lo esencial del mensaje. Sírvase para ello de los ejemplos dados en la sección 11.5. del manual.

Versión oral del mensaje

Oye Paco —soy Juan— ¿estás ahí? —si estás, coge el teléfono por favor— bueno —veo que no estás— o estás y no quieres contestar al teléfono como de costumbre [risa] —pues mira— te llamaba para — no pasa nada [risa] — te llamaba para decirte que —bueno, te acuerdas de que habíamos quedado para mañana— digo para comer mañana ¿no? —pues lo que pasa es que mañana no puedo— no voy a poder comer contigo —eh— lo que pasa es que Marta me ha recordado —que teníamos una cita — tenemos que ir al downtown por la mañana y ya no vamos a volver antes de las cinco o las seis —o sea que de comida nada— pero si quieres podemos quedar para pasado mañana —o el viernes— como te guste —¿vale? — pues nada —eh— llámame más tarde si puedes —yo no— eh —yo voy a estar despierto hasta las once o quizás más tarde —¿de acuerdo? — bueno —hasta pronto entonces ¿eh? —adiós.

Versión escrita del mensaje:

_____

_____

_____

_____

_____

_____

_____

_____

_____

_____

_____

_____

_____

_____

_____

_____

_____

11.9. ¿Verdadero o falso?

Señale con un círculo la respuesta correcta (verdadero: V/falso: F).

Ejemplo: Malabo no es la capital de Guinea Ecuatorial.   V   Ⓕ

1. La pragmática estudia la lengua en relación con las circunstancias comunicativas.   V   F

2. Las muletillas son marcadores del discurso.   V   F

3. El uso de eufemismos está motivado por la cortesía verbal.   V   F

4. Una oración aseverativa realiza una petición.   V   F

5. El discurso protocolario es formal, pero sirve a una comunicación personal.   V   F

6. La clave del acto de habla tiene que ver con la actitud de los hablantes.   V   F

7. El estilo formal es el menos espontáneo de todos.   V   F

8. A través de la atenuación, se evitan confrontaciones embarazosas.   V   F

9. Los marcadores del discurso proporcionan información básica.   V   F

10. En pragmática, la "cara" se refiere a los gestos y mímica que acompañan al discurso.   V   F

11. Una apuesta es un comprometimiento.   V   F

12. Las estrategias comunicativas son las mismas en las diferentes comunidades de hablantes de un mismo idioma.   V   F

13. En la comunicación transaccional se espera que el oyente haga algo.   V   F

14. Los participantes en el acto de habla siempre desempeñan el papel de hablantes y oyentes en la conversación.   V   F

15. Una oración declarativa no puede servir para dar una orden.   V   F

16. El léxico del discurso cambia para adaptarse al registro.   V   F

17. El género del acto de habla depende de si el hablante es un hombre o una mujer.   V   F

18. El registro consultivo se usa en discursos solemnes.   V   F

19. El significado de un enunciado nunca varía aunque cambie el contexto comunicativo.   V   F

20. Según la máxima de calidad, el discurso debe proporcionar información de interés para el oyente.   V   F

21. El registro íntimo se caracteriza por su espontaneidad.   V   F

22. En una oración directiva no se usa la cortesía verbal.   V   F

23. La competencia lingüística del hablante determina los cambios de registro en su discurso.   V   F

24. Una comunicación interaccional es un acto de habla factitivo.   V   F

25. Si el hablante "pierde la cara" en la conversación, perderá prestigio ante los demás participantes.   V   F

11.10. Prueba de autoevaluación

Para realizar esta actividad de revisión y autoevaluación de forma adecuada,

- relea el capítulo y sus apuntes, pero no los utilice durante la prueba.

- limite a quince minutos la prueba.

- siga la escala de notas a continuación.

Escala de notas:

(A) 50–45 puntos   (B) 44–40 puntos   (C) 39–35 puntos   (D) 34–30 puntos   (E) 29–0 puntos

1. ¿Cómo se denomina al acto de habla que expresa una promesa por parte del hablante? (5 puntos)

_____

_____

2. ¿Con qué principio se relacionan las máximas de Grice? (5 puntos)

_____

_____

3. ¿Cuáles son los distintos niveles de formalidad en el discurso? (10 puntos)

_____

_____

4. ¿Cómo se denominan en pragmática al espacio físico donde tiene lugar el acto de habla y a la actitud de los participantes en dicho acto? (10 puntos)

_____

_____

5. ¿Cuáles son las normas conversacionales? (20 puntos)

_____

_____

El español en los Estados Unidos

12

12.1. Fondo histórico: "Cada oveja con su pareja"

Enlace cada una de las fechas de la columna de la izquierda (con números) con el acontecimiento que le corresponda de la columna de la derecha (con letras).

_____ 1. 1848   a. Independencia de México

_____ 2. 1512   b. Llegada al poder de Fidel Castro

_____ 3. 1898   c. Llegada de los españoles a México

_____ 4. 1952   d. España cede la Florida a EE.UU.

_____ 5. 1819   e. Llegada de los españoles a la Florida

_____ 6. 1822   f. Tratado de Guadalupe-Hidalgo

_____ 7. 1517   g. Puerto Rico pasa a ser Estado Libre Asociado

_____ 8. 1959   h. Guerra de Cuba

12.2. Los hispanos en EE.UU.

Escriba los nombres de las ciudades principales de los estados señalados, donde se localizan los principales núcleos de hispanos:

Estados	Ciudades principales
1. California	_____
2. Texas	_____
3. Florida	_____
4. Nuevo México	_____
5. Arizona	_____

12.3. El español en los nombres de ciudades estadounidenses

Identifique el estado en el que se encuentran las ciudades siguientes.

Ciudades	Estados	Ciudades	Estados
1. Santa Bárbara	_____	7. Durango	_____
2. Santa Fe	_____	8. Laredo	_____
3. Las Vegas	_____	9. Trinidad	_____
4. Las Cruces	_____	10. Alamogordo	_____
5. Sacramento	_____	11. Rio Grande City	_____
6. Paso Robles	_____	12. Amarillo	_____

12.4. Topónimos hispanos en los Estados Unidos

Identifique el/los estado(s) donde se encuentran los siguientes ríos y montes de nombre hispano:

Ríos	Estado(s)		Montes	Estado(s)
1. Río Grande	_____		6. Sierra Nevada	_____
2. San Jacinto	_____		7. Sierra Madre	_____
3. Sacramento	_____		8. Sangre de Cristo	_____
4. Santa Fe	_____		9. Mount Diablo	_____
5. San Miguel	_____		10. Guadalupe	_____

12.5. El español cubanoamericano

Reescriba en español normativo el texto siguiente, que refleja una variedad cubanoamericana popular, cuya pronunciación se representa con ortografía no estándar.

EJEMPLO: Texto cubanoamericano: "Fígurate tú quehtaba (...)"

Reescritura en español normativo: "Figúrate tú que estaba (...)"

Texto cubanoamericano

Fígurate tú quehtaba media ida pelando papa, y de pronto beo argo sobrel frigidaire, como no tenía lo jepejueloh puehto pue namá que beía un bulto y me figuré quera el cehto de pan, seguí pelando papa y cuando boyabril la puelta del frigidaire pa' sacal la mantequilla pasel suhto de la vida. Abía unombre tranparente con un guanajo bajoel braso sentado sobrel frigidaire. Me recobré un poco y le dije alaparecio: "Gua du yu guan?" El me rehpondió: "Soy San Given." Entonceh yo le dije: "San Given el de la novela?" Y el me dijo: "Yes, el mihmitico." (Roberto G. Fernández, "Noticiero Miler", *La vida es un special $1.00.70*. Miami: Ediciones Universal, 77)

Reescritura en español normativo

_____

_____

_____

_____

_____

_____

_____

_____

_____

_____

_____

_____

_____

12.6. Lenguas en contacto: préstamos

A continuación aparece una lista de palabras prestadas del inglés que se encuentran en el español de Estados Unidos. Busque el correspondiente término en inglés del que provengan y su equivalente en español estándar.

Ejemplo: Español de los EE.UU.: bildin
Inglés: *building*
Español estándar: edificio

Préstamo	Inglés	Español estándar
1. chopear	_____	_____
2. liquear	_____	_____
3. rufo	_____	_____
4. guachimán	_____	_____
5. partaim	_____	_____
6. feca	_____	_____
7. estró	_____	_____
8. trábol	_____	_____
9. cuora	_____	_____
10. escrachao	_____	_____

12.7. Lenguas en contacto: calcos

Las siguientes expresiones son calcos, es decir, traducciones literales del inglés. Encuentre el equivalente inglés en cada caso y realice además la traducción a español estándar.

Ejemplo: "viaje redondo"
Inglés: *round trip*
Español estándar: viaje de ida y vuelta

1. Tener un buen tiempo (en una fiesta).

   Inglés: _____

   Español estándar: _____

2. Tomar algo fácil.

   Inglés: _____

   Español estándar: _____

3. Mantener un perfil bajo.

   Inglés: _____

   Español estándar: _____

4. Maquillarse la mente.

   Inglés: _____

   Español estándar: _____

5. Mantener un secreto.

Inglés: _____

Español estándar: _____

6. Ir a la oficina del doctor.

Inglés: _____

Español estándar: _____

12.8. Diálogo de bilingües

Reescriba en español normativo el diálogo siguiente de dos hispanas, nacidas en los Estados Unidos.

EJEMPLO: "Julio y Eva tuvieron un argumento."
Reescritura en español normativo:
"Julio y Eva tuvieron una discusión."

(*En clase...*)

ROSA: —Hi, Cristina, how are you? ¡Te ves preciosa!

CRISTINA: —Es que fui a cortar mi pelo ayer... A Mark le gusta así; otra vez estamos dating, ¿sabías?

ROSA: —¡Cool! No, no sabía. By the way, ¿sabes si estábamos supuestos de entregar el papel hoy?

CRISTINA: —Pues... no sé. Espero que no es hoy...

ROSA: —No tuve tiempo para correctarlo ayer. Tuve que ir al supermercado y perdí tanto tiempo buscando espacio para parquear...

CRISTINA: —Pues yo conozco una tienda que delibera groserías, por si te interesa...

ROSA: —OK. Cuéntame después, que ya comenzó la lectura.

Reescritura en español normativo

_____

_____

_____

_____

_____

_____

_____

_____

_____

_____

12.9. ¿Verdadero o falso?

Señale con un círculo la respuesta correcta (verdadero: V/falso: F)

EJEMPLO: San José es la capital de Costa Rica. Ⓥ   F

1. Estados Unidos es el tercer país del mundo en cuanto al número de hispanohablantes. V   F

2. Las mayores concentraciones de hispanos se encuentran en el Noroeste de los Estados Unidos. V   F

3. El caló es el habla de los gitanos en España. V   F

4. Un calco es la traducción de una construcción idiomática. V   F

5. Los miembros de la comunidad cubana de EE.UU. son los más jóvenes de todos los hispanos. V   F

6. El puertorriqueño es un subdialecto del español caribeño. V   F

7. El español es lengua cooficial en el estado de Nuevo México. V   F

8. En EE.UU. el judeoespañol se ha conservado como lengua litúrgica. V   F

9. El suroeste de los EE.UU. perteneció hasta fines del siglo XIX a España. V   F

10. El español del río Sabinas desciende del español rural mexicano. V   F

11. La alternancia de códigos es un fenómeno poco común entre los hispanos en Estados Unidos. V   F

12. Los nuyoricans son los neoyorquinos que viven en Puerto Rico. V   F

13. Un falso cognado es una palabra con la misma forma y significado en dos lenguas distintas. V   F

14. En 1952 Puerto Rico pasó a ser Estado Libre Asociado de EE.UU. V   F

15. El español chicano es rico en anglicismos. V   F

16. Los exiliados cubanos empezaron a llegar a EE.UU. a principios del siglo XX. V   F

17. En español puertorriqueño la consonante vibrante múltiple suele tener una realización velar. V   F

18. Los Ángeles es la ciudad estadounidense con mayor porcentaje de hispanos. V   F

19. Estados Unidos es una comunidad diglósica. V   F

20. El español es la única lengua oficial en Puerto Rico. V   F

21. El isleño es un dialecto hablado por descendientes de canarios. V   F

22. La organizacion *US English* está en contra del uso público del español en EE.UU. V   F

23. Los españoles llegaron a Florida en el siglo XVI. V   F

24. El español caribeño es seseante y lleísta. V   F

25. Los chicanos se concentran en el Sureste de los Estados Unidos. V   F

12.10. Prueba de autoevaluación

Para realizar esta actividad de revisión y autoevaluación de forma adecuada,

- relea el capítulo y sus apuntes, pero no los utilice durante la prueba.

- limite a quince minutos la prueba.

- siga la escala de notas a continuación.

Escala de notas:

   (A) 50–45 puntos (B) 44–40 puntos (C) 39–35 puntos (D) 34–30 puntos (E) 29–0 puntos

1. ¿Con qué otro nombre se conoce a la jerga urbana denominada "pachuco"? (5 puntos)

_____

_____

2. ¿Cómo se llaman los dos dialectos hispanos hablados en Luisiana? (10 puntos)

_____

_____

3. ¿Cuáles son y dónde se localizan las principales comunidades hispanas de EE.UU.? (15 puntos)

_____

_____

4. ¿Cuántos y cuáles son los grupos en los que puede clasificarse el español hablado en EE.UU.? (20 puntos)

_____

_____

_____

_____

Clave de respuestas:
Pruebas de autoevaluación

Capítulo 1 • La lengua española en el mundo

1.10. Prueba de autoevaluación

1. Nebrija escribió la primera gramática de un idioma románico. En 1492, se publicó su "Gramática de la lengua castellana".

2. "Hispano" e "hispánico" derivan de "Hispania", el nombre romano para la Península Ibérica, y se refieren a la lengua, la cultura y las comunidades cuyo origen se remonta a la civilización española llevada a otras partes del mundo, y en particular, a América.

3. La ciudad se llama Burgos y se encuentra en la comunidad de Castilla y León.

4. La palabra latino deriva del sustantivo latín, nombre de la lengua hablada en el antiguo Imperio Romano, y se refiere no sólo a la lengua sino también a la cultura romana originaria de la región italiana llamada Lacio (< lat. Latium).

5. Los idiomas de España que tienen estatus cooficial con el español en sus regiones son el catalán (Cataluña, Valencia, Baleares), el gallego (Galicia) y el vasco o euskera (País Vasco o Euskadi y parte de la Comunidad Foral de Navarra).

6. "Romance" significa "a la manera de los romanos".

7. Glosas Emilianenses y Glosas Silenses.

8. El nombre moros se debe a que muchos de los invasores provenían de la región llamada Mauritania, situada en el norte de África.

9. El término koiné significa "lengua común". El castellano funcionó como koiné entre los hablantes de los varios romances ibéricos debido a su relativa uniformidad, que facilitó su adopción por los hablantes de otros idiomas durante la Reconquista.

10. El español ha cambiado no sólo porque todas las lenguas cambian con el paso del tiempo, sino y también debido al contacto con idiomas indígenas de América y con lenguas de inmigración.

Capítulo 2 • Lenguaje, lengua y lingüística

2.10. Prueba de autoevaluación

1. El lenguaje humano es social, oral, creativo, arbitrario y sistemático (cualquiera de estas características es correcta).

2. Directiva

3. Sí, porque son variantes geográficas de una lengua (el latín).

4. Competencia lingüística es el conocimiento intuitivo que tenemos de nuestro idioma materno; competencia comunicativa es la capacidad de usar ese conocimiento en la comunicación.

5. Todos los idiomas poseen...

    a. un número limitado de fonos.

    b. dos clases de fonos: vocales y consonantes.

    c. reglas de combinación de los fonos.

    d. arbitrariedad entre referente y signo lingüístico.

    e. rasgos transculturales como "masculino, femenino, humano, etc.".

    f. normas de combinación de las palabras en oraciones aseverativas, interrogativas o negativas.

    g. conjunto finito de reglas sintácticas.

    h. recursos para referirse al tiempo físico.

    i. capacidad de cambiar con el paso del tiempo.

Note: Cualquier grupo de cinco de los universales mencionados a continuación es válido.

Capítulo 3 • Fonética: Los sonidos del habla

3.10. Prueba de autoevaluación

1. [p], [b], [β] y [m]

2. Bajo ninguna. Las deslizadas no pueden ser nunca núcleo silábico.

3. [f] y [ɱ]

4. a. Consonante vibrante simple alveolar sonora.

    b. Vocal media anterior no redondeada.

    c. Consonante oclusiva bilabial sorda.

    d. Consonante velar fricativa sorda.

    e. Consonante palatal fricativa sonora.

5. a. [se-'ki-a]

    b. [tʃu-'re-ro]

    c. [xu̯e-ɣe-'si-to]

    d. [a-ɣo-'βi̯a-ðo]

    e. [me-'ta-li-ko]

Capítulo 4 • Fonología: Los fonemas del español

4.10. Prueba de autoevaluación

1. /y/ y /λ/

2. Lambdacismo

3. "Mar" y "mal", por ejemplo. Cualquier par de palabras (con significado distinto) que se diferencie sólo por un sonido es válido.

4. /s/ y /θ/

5. a. Fricativo velar sonoro;   b. Fricativo bilabial sonoro;   c. Fricativo interdental sordo;
    d. Fricativo dental sonoro;   e. Fricativo alveolar sonoro

6. a. /eskéla/;   b. /abaníko/;   c. /gitářa/;   d. /řasgádo/;   e. /biénto/

Capítulo 5 • Morfología: Forma y función de las palabras

5.10. Prueba de autoevaluación

1. Neologismo: chat-e-a-r

2. Flexión, derivación y composición

3. "Echar de menos" (cualquier expresión idiomática es correcta)

4. "Anti-": "Antifascista" y "antiestético" (cualquier palabra que comience con "anti–" y tenga el significado de "contrario a" es válida)

5. a. [bail] radical, [o] persona/número

   b. [america] radical, [n] gentilicio, [o] género masculino

   c. [compr] radical, [a] vocal temática, [ndo] gerundio

   d. [cerd] radical, [it] diminutivo, [a] género femenino

Capítulo 6 • Sintaxis I: La estructura de las oraciones

6.10. Prueba de autoevaluación

1. Verbo de régimen

2. a. "El atleta de California"

   b. "Esa chica que vive contigo"

   c. "Mis mejores amigos"

   d. "Tú"

3. a. "Favorito"

   b. "Francesas", "aburrida"

   c. "Rojo"

   d. "Preocupada"

4. a. Verónica habla inglés.

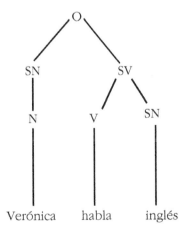

b. Isabel fue ayer a la fiesta.

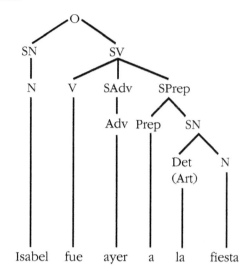

c. Mi hermana fue enfermera.

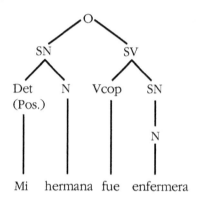

Capítulo 7 • Sintaxis II: Algunas clases de oraciones

7.10. Prueba de autoevaluación

1. Juana está comiéndose todas las fresas porque le gustan mucho.

2. a. Explicativa: "Los chicos, que/quienes llegaron tarde a clase, viven lejos."

   b. Restrictiva: "Los chicos que llegaron tarde a clase viven lejos."

3. a. Pasiva

   b. Sujeto nulo

   c. Reflexiva

   d. "Se" indeterminado

   e. Sujeto nulo

4. a. Sólo quiero que se cepille los dientes.

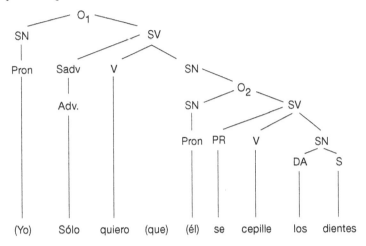

b. María trabaja en Berkeley pero vive en Oakland.

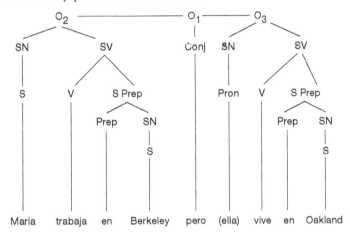

c. El coche que compramos es negro.

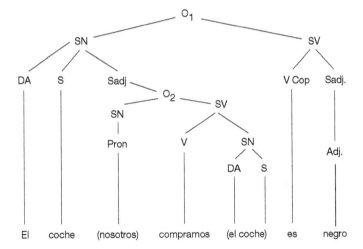

d. Si quieres, te preparo un café con leche ahora.

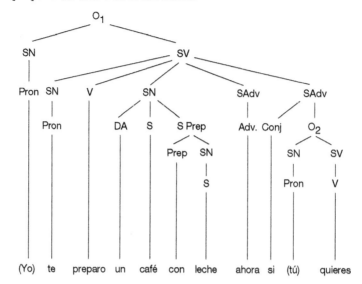

Capítulo 8 • Variación temporal

8.10. Prueba de autoevaluación

1. Los visigodos

2. *Jarchas* son versos mozárabes que se encuentran al final de poemas escritos en árabe o hebreo.

3. El latín se empleaba en los documentos oficiales.

4. Nota: Cualquier grupo de tres de las fuentes siguientes es válida.

   Inscripciones en monumentos

   Pronunciación de palabras en otros idiomas

   Habla de los personajes rústicos en las comedias populares romanas

   Lenguaje de obras técnicas, de cartas personales u obras populares.

   Comentarios de gramáticos latinos sobre el lenguaje popular, como el

   "Appendix Probi".

5. Nota: Cualquier par de los procesos mencionados a continuación es válido.

   Reducción de consonantes largas

   Sonorización de consonantes sordas intervocálicas

   Aspiración y desaparición de /f/ inicial latina

   Palatalización

   Apertura vocal tónica

   Apertura vocal final átona

   Diptongación /o/ breve tónica

Capítulo 9 • Variación regional

9.10. Prueba de autoevaluación

1. Papiamento y palenquero

2. Guinea Ecuatorial

3. Judeoespañol

4. España: Andalucía

   Hispanoamérica: Caribe

5. Nota: Cualquier grupo de cinco modalidades es correcto.

   Castellano: Norte y centro de España

   Andaluz: Andalucía

   Extremeño: Extremadura

   Riojano: La Rioja

   Murciano: Murcia

   Canario: Islas Canarias

   Hispanoamericano: Hispanoamérica

   Modalidades habladas en los EE.UU.: Estados Unidos

   Variante de Guinea Ecuatorial: Guinea Ecuatorial

   Judeoespañol: localización variada

   Papiamento: Antillas Holandesas

   Palenquero: Colombia

   Chabacano: Filipinas

Capítulo 10 • Variación social

10.10. Prueba de autoevaluación

1. jerga

2. tutearse

3. la hipercorrección

4. eufemismos

5. lunfardo y cocoliche

Capítulo 11 • Variación contextual

11.10. Prueba de autoevaluación

1. Comprometimiento

2. Principio de cooperación

3. Protocolario, formal, consultivo, familiar e íntimo

4. Ambiente y clave

5. Calidad, cantidad, relevancia y modo de la información

Capítulo 12 • El español en los Estados Unidos

12.10. Prueba de autoevaluación

1. Caló

2. Isleño y brulí

3. Mexicanoamericanos y chicanos en el Suroeste, cubanoamericanos en Florida y puertorriqueños en Nueva York y alrededores

4. El español hablado en EE.UU. puede clasificarse en los siguientes cuatro grupos.

   Español chicano

   Caribeño (rama cubana, puertorriqueña y dominicana)

   Español hablado por inmigrantes de otras regiones de Hispanoamérica.

   Hablas de ámbitos limitados: español tradicional de Nuevo México y Colorado, dialectos hispanos de Luisiana y Texas y judeoespañol.